高校乒乓球教学改革与课程思政建设研究

朱 珂◎著

中国书籍出版社
China Book Press

图书在版编目（CIP）数据

高校乒乓球教学改革与课程思政建设研究 / 朱珂著
. -- 北京：中国书籍出版社，2023.11

ISBN 978-7-5068-9671-9

Ⅰ.①高…　Ⅱ.①朱…　Ⅲ.①乒乓球运动 – 体育教学
– 教学改革 – 研究 – 高等学校②高等学校 – 思想政治教育
– 教学研究 – 中国　Ⅳ.① G846.2 ② G641

中国国家版本馆 CIP 数据核字（2023）第 229105 号

高校乒乓球教学改革与课程思政建设研究

朱　珂　著

丛书策划	谭　鹏　武　斌
责任编辑	毕　磊
责任印制	孙马飞　马　芝
封面设计	博健文化
出版发行	中国书籍出版社
地　　址	北京市丰台区三路居路 97 号（邮编：100073）
电　　话	（010）52257143（总编室）　　（010）52257140（发行部）
电子邮箱	eo@chinabp.com.cn
经　　销	全国新华书店
印　　厂	三河市德贤弘印务有限公司
开　　本	710 毫米 × 1000 毫米　1/16
字　　数	234 千字
印　　张	14.75
版　　次	2024 年 1 月第 1 版
印　　次	2024 年 1 月第 1 次印刷
书　　号	ISBN 978-7-5068-9671-9
定　　价	87.00 元

目　录

第一章　高校乒乓球概论与发展概况

乒乓球被誉为我国的"国球"，其兼具竞技性、健身性、娱乐性等特征，具有强身健体、愉悦心理、提升智力、促进社会交往等功能。在高校开展乒乓球运动，组织与实施乒乓球教学和课外活动，有助于增强大学生体质，提升大学生身心健康水平和思维能力，同时能培养大学生的意志品质和社会交往能力。本章重点分析乒乓球基本理论和高校乒乓球发展情况。

第一节　乒乓球基础知识

一、乒乓球运动的起源与发展

（一）乒乓球运动的起源

一直以来都有诸多关于乒乓球运动起源的说法，但比较权威的说法是乒乓球运动的雏形是在 19 世纪后半叶的英格兰出现的。当时，英国一些大学生利用餐桌玩一种击球游戏，被用于球台的餐桌中间悬挂一根线作为球网，他们击打的球是用橡胶或软木制作而成的，球拍是椭圆形的，有比较长的手柄，球拍手柄上贴着盖皮纸。大学生用这些简单的工具来回击球，这种游戏最早被称为"戈西马（Goosime）"或"弗利姆－弗拉姆（Flim-Flam）"，是当时比较流行的一种室内游戏。游戏的记分方法比较灵活，一局有 10 分、20 分、50 分和 100 分共 4 种玩法，球台除了餐桌外也可以用其他类似的器材代替，球网也不限于一条长线，可以制作其他球网,不严格限制发球方法,所以这项游戏的规则比较宽松,以娱乐为主。后来,这一游戏走出校园,进入很多家庭,成为家庭游戏之一。

大约在1890年,英格兰著名越野跑运动员詹姆斯·吉布(James Gibb)将美国的赛璐珞球带到英格兰,这是一种塑料球,击打的时候发出的声音很像"Ping-Pang",因此人们模拟该声音,用"乒乓球"来命名这一游戏。乒乓球还有一种名称,即"Table Tennis",译为"桌子上的网球"。乒乓球诞生之后早期主要在大学校园比较流行,直到20世纪20年代,随着乒乓球邀请赛的多次举办,这项运动才进入大众的视野,很多知识分子、学生和职员都纷纷参与其中。

（二）世界乒乓球运动发展历程

世界乒乓球运动的发展历程基本可以概括为表1-1中所示的几个阶段。

表1-1　世界乒乓球运动的发展历史

发展阶段	强势代表	具体年代	技术代表
第一阶段	欧洲全盛	1926—1951年	削球
第二阶段	日本称雄	1952—1959年	长抽进攻型
第三阶段	中国崛起	1960—1969年	日本弧圈球技术;中国近台快攻结合旋转等
第四阶段	欧洲复兴	1970—1979年	奥地利发明横拍弧圈球结合快攻;瑞典发明横拍快攻结合弧圈
第五阶段	中国对抗世界	1980—1990年	1981年中国发明直拍正手盖打弧圈、横拍防弧进攻型打法
第六阶段	中国时代	1991年至今	1992年中国发明直拍横打

下面简要分析上表中世界乒乓球运动发展的几个阶段。

1. 欧洲全盛时期

20世纪20年代中期到20世纪50年代初是欧洲乒乓球称雄时期,该阶段欧洲许多乒乓球运动员都采用以削球为主导的打法,在这一时期举行的世界乒乓球锦标赛中,90%以上的金牌都由欧洲国家获得,而且几乎一半的金牌都由匈牙利获得,金牌榜位于第一。英国作为乒乓球的起源地,在世界乒乓球锦标赛中的成绩也非常可观,美国紧随其后。但是这一时期亚洲国家没有从世界乒乓球锦标赛中获得过一块金牌。

2. 日本称雄

20 世纪 50 年代初期,日本乒乓球在世界乒坛崭露头角,主要原因是日本乒乓球运动员用奥地利发明的海绵球拍代替了原来的球拍,增加了乒乓球的旋转速度,而且还发明了长抽进攻型打法,此前欧洲以削球为主的垄断世界的打法被打破了,日本乒乓球呈现出明显的优势。在日本称雄时期举办的几届世界乒乓球锦标赛中,几乎一半的金牌由日本获得,第 25 届世乒赛中更是获得了除男单以外的 6 项冠军。而男单冠军的获得者是中国乒乓球运动员容国团,这是中国乒乓球历史上的第一枚世界金牌,容国团也成为中国乒乓球历史上第一个世界冠军,这枚金牌对我国而言意义非凡。

3. 中国崛起

进入 20 世纪 60 年代后,中国乒乓球在世界上崛起,在世界乒乓球锦标赛中多次获得冠军,这主要与运动员独特的快攻打法、高超的旋转多变打法、熟练的积极防守反攻等有关。

4. 欧洲复兴

20 世纪 70 年代是欧洲乒乓球复兴时期,复兴的主要标志是防弧球拍研制成功(1970 年,奥地利)、发明横拍弧圈结合快攻打法(1971 年,奥地利)、发明横拍快攻结合弧圈(1971 年,瑞典)。在 20 世纪 70 年代举办的几届世界乒乓球锦标赛中,金牌基本由亚洲的中国队、日本队,欧洲的匈牙利队、瑞典队等收入囊中。

5. 中国对抗世界

1981 年,中国发明了新的乒乓球打法,主要代表是直拍正手盖打弧圈和横拍防弧进攻型打法,新打法的发明使中国乒乓球选手在世界大赛中以高超的水平一路过关斩将,获得了优异的成绩。如在 20 世纪 80 年代初举办的世界乒乓球锦标赛中,中国囊括了全部金牌,在 80 年代之后的几届世界乒乓球锦标赛中,中国队的成绩也是非常可观的,与欧洲的竞争十分激烈。

6. 中国时代

1992 年,中国发明了直拍横打技术,增加了直拍反手位的灵活性,使得直拍反手位技术得以完善,从此在乒乓球运动中直拍打法对抗横拍打法的局势愈演愈烈。随着新打法的发明,中国竞技乒乓球的地位不断提升,在乒乓球三大赛事(世界乒乓球锦标赛与乒乓球世界杯、奥运会乒乓球比赛)中获得的金牌不胜枚举,俨然在世界乒坛居于霸主地位。为改变中国乒乓球独大的垄断局势,有关组织进行了一些乒乓球规则改革,但依然没有动摇中国乒乓球在世界乒坛的地位。

(三)中国乒乓球运动发展历程

1. 中华人民共和国成立前的乒乓球运动

乒乓球运动传入中国的时间是 1904 年。1916 年,中华基督教青年会上海分会童子部首先开设乒乓球房。1918 年,上海成立全市的乒乓球联合会,并建立乒乓球队,1923 年第一次举办乒乓球比赛。同年,全国乒乓球联合会在上海成立,中国乒乓球运动得到初步发展。

2. 中华人民共和国成立后的乒乓球运动

中华人民共和国成立后,乒乓球运动在我国的发展经历了以下几个时期。

（1）第一阶段：领先于世界（20世纪50年代）

从20世纪50年代开始，我国乒乓球运动飞速发展。1953年，我国第一次参加世乒赛，1959年，我国首次夺得世界锦标赛男单冠军，从此中国乒乓球运动在世界崛起。1961年，我国主办第26届世界乒乓球锦标赛，并获得3项冠军。1965年，我国在第28届世界乒乓球锦标赛上斩获5项冠军，从此走向世界乒坛前列。

（2）第二阶段：技术创新、改革与发展

20世纪70年代，中美开展"乒乓外交"。从技术上来看，中国乒乓球不断发展和创新，保持了"快、准、狠、变"的风格特点，并在此基础上增加了"转"，直板正胶普遍增加了上旋球，在第32～35届世锦赛上中国乒乓球队取得了优异的成绩。另外，我国在这一时期形成了新型直板反胶进攻打法和横直板两面不同性能球拍的"倒板"打法。这些创新推动了我国乒乓球运动的进一步发展。

（3）第三阶段：培养新人，再创辉煌

在1981年的世界乒乓球锦标赛上，我国乒乓球运动员夺得7项冠军，达到新的高峰，创造了奇迹。在20世纪80年代的五届世乒赛中，中国选手获得的金牌占到金牌总数的80%。

（4）第四阶段：为国争光，勇攀高峰

20世纪90年代，世界乒乓球呈多元化发展趋势，我国乒乓球运动的发展受到潜在威胁。在第40届、41届世界乒乓球锦标赛上，中国队接连失利，但经过反思后重整旗鼓，狠抓管理，培养新人，最终走出低谷，在第42届世乒赛上夺得4项冠军，再创辉煌。

21世纪，中国队在世界乒坛一直处于顶峰，中国乒乓球运动员不断在世界大赛中创造佳绩，为国争光。从中国队最新在世界乒乓球大赛中取得的成绩中也能看到中国乒乓球的竞技实力与地位。如在2016年里约奥运会上，中国队获得乒乓球男单、女单、男团、女团的冠军；在2017—2018年第54届世界乒乓球锦标赛上，中国队包揽了所有项目的冠军；在2018乒乓球世界杯赛上，中国队获得男单、女单、男团、女团冠军；2018年2月25日，在伦敦举行的2018国际乒联团体世界杯团体决赛中，中国男队、女队双双夺冠；在2022年东京奥运会上，中国队斩获了4枚金牌和3枚银牌

纵观我国乒乓球运动的发展历史，有过辉煌，有过低谷。值得骄傲

与庆幸的是,现在我国乒乓球在世界乒坛占领顶峰。而且中国"乒乓精神"对一代又一代的乒乓球选手产生了巨大的激励作用,成为乒乓球运动员坚持奋斗、刻苦钻研、开拓创新、为国争光的重要动力。这种精神也激励着中国广大人民群众,对人民群众的工作、生活有潜移默化的影响。

二、乒乓球专项技术特征

(一)技术多样性

乒乓球体积小,重量轻,旋转多,所以乒乓球技术多种多样,而且变化快,这是乒乓球运动和其他球类项目相比最明显的特点之一。不管是发球,还是接发球,都会产生复杂多变的旋转。

(二)技术细腻性

乒乓球技术在"三小球"中是最细腻的,这与这项运动本身的属性有关,如体积小、较快的速度、较多的动作变化以及较强的技巧性等。细腻的技术对运动员的神经系统功能、运动部位的感知觉能力提出了较高的要求,因此在乒乓球运动中培养球员的球感非常重要。

(三)技术立体化

在乒乓球运动中,运动员发球和接发球的范围是一个立体空间,包括前后、左右、上下多个维度和角度。竞技乒乓球运动中对抗双方的较量是全方位的,任何一方的作战都必须是立体性的,要在不同的站位上都表现出自己的竞技实力,所以说乒乓球比赛是一场全方位的立体空间作战活动,只有在特定空间范围内的不同站位发挥全面的技战术,才能提高获胜的概率。

(四)技术个性化

优秀乒乓球选手都有自己的个性与风格,都有自己的特长与优势,这是乒乓球运动的一大魅力。没有自己风格、特长不突出、个性不明显的运动员在乒乓球比赛中制胜的难度较大。

（五）女子技术男性化

积极主动、灵活应变、全面分析、准确判断、冷静处理是男性化意识的主要表现，这些意识中蕴含着很多品质内涵，如有胆有谋、悟性高、意志坚强等。此外，男性化意识还体现在思想积极、价值观正确、对技战术、主客观以及赛练的关系处理得当等方面。这些表现与思想简单、价值观狭隘、保守固执、偏激冲动等表现是相反的。在现代乒乓球运动的发展中，女子选手在技术运用上越来越偏向于男性化意识，技术水平越来越高，男性化趋势明显。

乒乓球专项技术特征如图 1-1 所示。

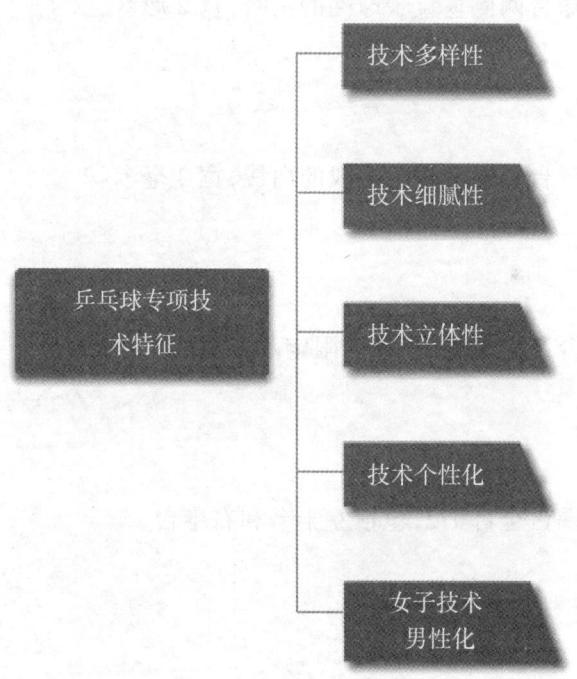

图 1-1　乒乓球专项技术特征

三、乒乓球术语

（一）球台术语

1. 端线

端线是球台两端与球网相互平行的白线，宽 2 厘米。

2. 边线

边线是球台两侧垂直于球网的白线，宽 2 厘米。

3. 中线

中线是球台中央平行于边线的白线，宽 3 毫米。

4. 全台

整个球台为击球范围，没有限定落点范围。

5.1/2 台

击球范围占全台 1/2，包括左半台和右半台。

6.2/3 台

击球范围占全台 2/3，有左右之分。
边线、中线如图 1-2 所示，右 2/3 台如图 1-3 所示。

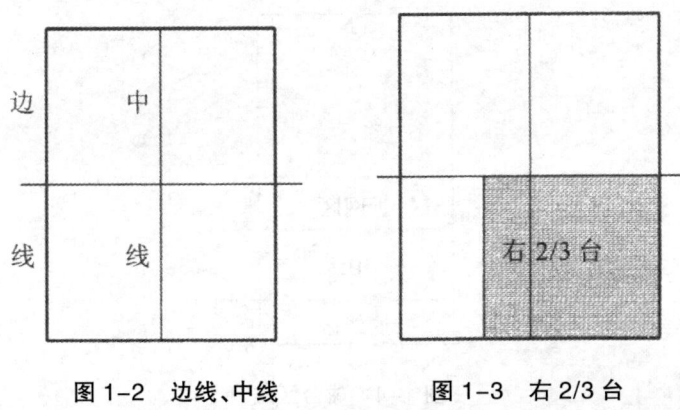

图 1-2　边线、中线　　　　图 1-3　右 2/3 台

（二）球台区域

1. 底线区

球的落点在对方台面底线区或自己端线附近,与端线相距 30 厘米以内的区域。

2. 近网区

球的落点在与球网相距 40 厘米以内的区域内,球反弹后第二落点在球台端线内。

3. 中区

球落在台面的中间位置。
球台区域如图 1-4 所示。

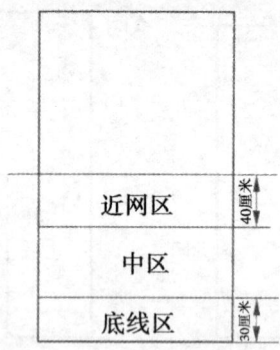

图 1-4　球台区域

（三）站位与击球距离

1. 站位

站位指的是击球之前的基本位置。常见站位如图 1-5 所示。
（1）近台
站位在与球台端线相距 50 厘米以内的范围。
（2）中近台
站位在与球台端线相距 50 ～ 70 厘米的范围。
（3）中远台
站位在球台端线相距 70 ～ 100 厘米的范围。
（4）远台
站位在与球台端线相距 1 米以外的范围。

2. 击球

根据不同的站位，对应的击球方式有以下几种。
（1）近台击球
在与球台端线相距 30 ～ 50 厘米的区域内击球。

（2）中近台击球

介于近台与中近台之间击球。

（3）中远台击球

介于中近台与中远台之间击球。

（4）远台击球

在远台（距离端线 1 米外）区域击球。

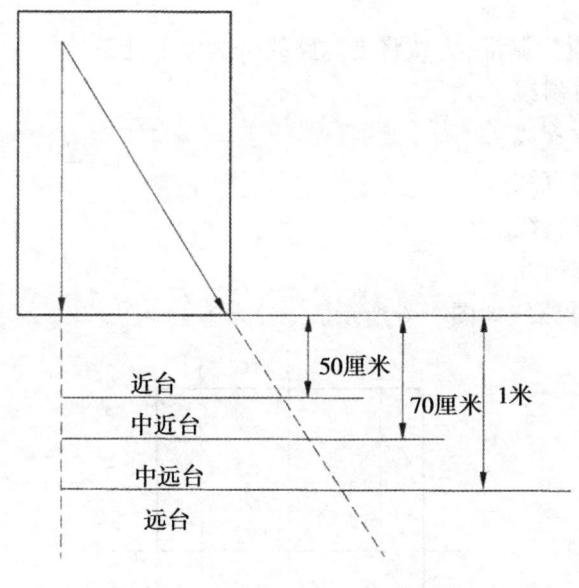

图 1-5　站位

（四）击球点

击球点是指在击球时，球拍同球相接触的瞬间的那一点所处的空间位置，这一位置是相对于击球者所处的位置来说的。击球点包含以下要素。

（1）球在身体的前后位置。

（2）球与身体距离的远近。

（3）球空间位置的高低。

击球点与击球者、击球时间密切相关，运动员步法不到位很容易造成击球点不准。

（五）击球路线

击球路线指的是击球点到球落点之间所形成的线。

1. 基本路线

以击球者为基准,大致将击球路线分为以下几条。

（1）左方斜线。

（2）左方直线。

（3）中路直线。

（4）右方直线。

（5）右方斜线。

基本击球路线如图1-6所示。

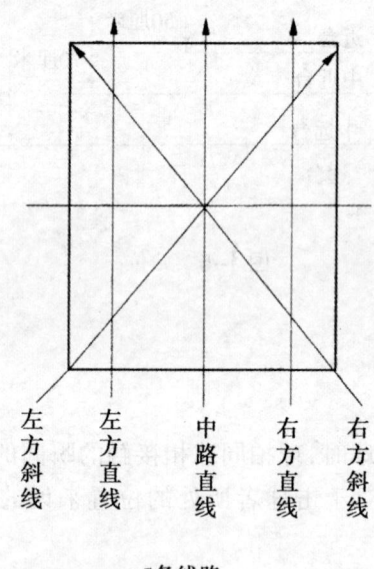

5条线路

图1-6　击球路线

2. 详细路线

在基本路线的基础上,又可以细分出9条击球路线,如图1-7所示。

（1）左方 3 条路线

对方的右方、中路、左方。

（2）右方 3 条路线

对方的左方、中路、右方。

（3）中间 3 条路线

对方的中路、左方、右方。

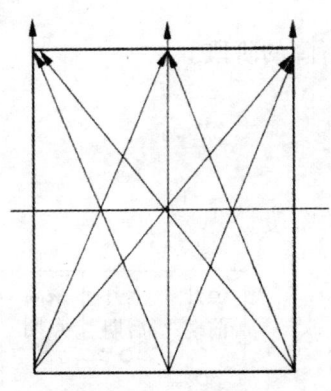

图 1-7　详细路线

（六）击球时间

击球时间指的是来球在本方台面弹起之后，其运行轨迹从着台点上升再下降至触及地面以前的过程。具体可以划分为以下几个阶段（图 1-8）。

1. 上升前期

球弹起刚刚上升的阶段。

2. 上升后期

球弹起上升到与最高点接近的阶段。

3. 最高点期

球弹起上升到最高点的阶段。

4. 下降前期

球从最高点开始下降的阶段。

5. 下降后期

球下降到触地前的阶段。

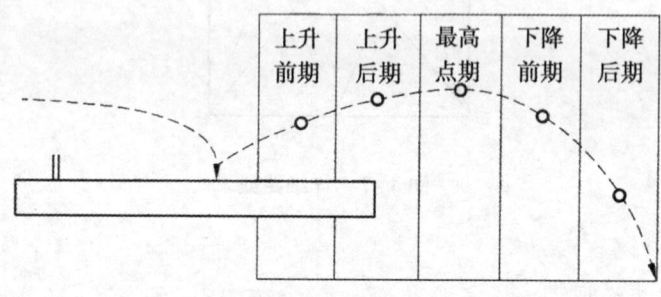

图 1-8　击球时间

（七）击球部位

击球部位是击球时球拍触碰球的具体部位。以表盘形式对不同击球部位的标注如图 1-9 所示。

1. 上部

拍触在球的"12"处附近。

2. 上中部

拍触在球的"1"处附近。

3. 中上部

拍触在球的"2"处附近。

4. 中部

拍触在球的"3"处附近。

5. 中下部

拍触在球的"4"处附近。

6. 下中部

拍触在球的"5"处附近。

7. 下部

拍触在球的"6"处附近。

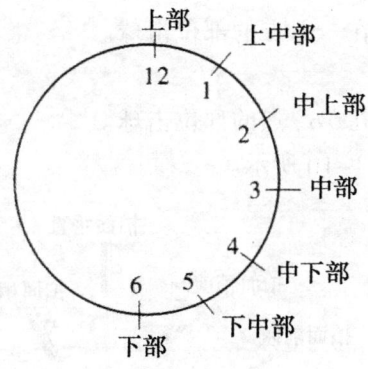

图 1-9　击球部位

（八）球拍拍形

1.拍面角度

拍面角度是指整个拍面同球台面所构成的角度。当这个角度小于90°时，称之为"前倾"；当角度大于90°时，称之为"后仰"。

击球部位不同，对应的拍面角度也不同。

（1）拍面向下

球拍触球接近球在"12"点的部位。

（2）拍面前倾

球拍触球接近在"1"点的部位击球。

（3）拍面稍前倾

球拍触球接近在"2"点的部位击球。

（4）拍面垂直

球拍触球接近在"3"点的部位击球。

（5）拍面稍后仰

球拍触球接近在"4"点的部位击球。

（6）拍面后仰

球拍触球接近在"5"点的部位击球。

（7）拍面向上

球拍触球接近在"6"点的部位击球。

球拍拍形如图1-10所示。

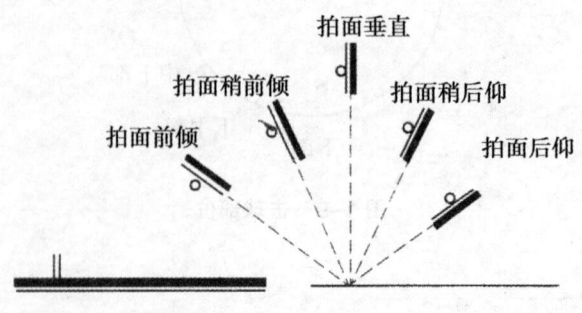

图1-10　球拍拍形

2.拍面方向

拍面方向是指击球过程中球拍拍面的朝向。拍面朝左时,击球的右侧;拍面朝右时,击球的左侧;拍面朝前时,击球的后方。通过调整拍面方向可以掌握相应的击球动作。

（九）发力方向与发力方法

1.发力方向

发力方向是指击球时向着哪一个方向发力,同一个拍形可以出现不同的发力方向。

2.发力方法

发力方法是指运动员身体各部位在击球时的发力顺序和主次关系,尤其是大臂和小臂之间的发力顺序以及主次关系。

第二节　乒乓球对大学生健康的影响

一、乒乓球运动促进大学生身体健康

（一）改善身体功能

1.改善呼吸及消化系统的功能

大学生在参加乒乓球这项有氧运动的过程中,机体需氧量增加,长时间运动可以扩大肺部容积,增加肺泡张开率,同时也会大幅度增加吸氧量,从而锻炼呼吸肌,增强呼吸系统的功能。

乒乓球是全身性运动,能够使大学生肠胃蠕动更加通畅,促进消化功能的改善,使机体更好地吸收营养,满足运动的需要。

2.调节神经系统功能

大学生在中枢神经系统的支配下参与乒乓球运动,也有助于促进这一机体系统功能的提升。乒乓球运动改善人体神经系统功能的作用具体表现为促进神经过程强度的提升,增强集中注意力的能力,提升均衡分配注意力的能力,使神经系统功能更灵活、完善,开阔视野,提高观察力的敏锐性,提升综合分析能力。

3.改善循环系统功能

大学生参与乒乓球运动,能够改善心肌细胞的结构,增强心肌收缩力,使心脏供血能力得到提升,进而增加血液的能量供给,使脑细胞获得更多的养分,促进大脑思维能力的全面提升。在运动中,人体有氧代谢能力也能得到提升,从而达到燃烧脂肪、减肥塑形的目的。

(二)全面锻炼身体素质

乒乓球运动作为一项全身性运动,能够全方位锻炼人的身体素质,具体表现为增强肌肉力量、肌肉耐力,提高速度素质,改善机体灵敏性、协调性。

(三)保持青春活力

大学生参与乒乓球运动,不但能够强身健体,还能稳定与提高身体功能,使精力旺盛,保持活力,提高免疫力,预防疾病。

1.调节内分泌

长期进行乒乓球运动锻炼能够使机体获得与保持强大的免疫力,从而有效抵抗疾病,预防疾病。乒乓球运动能够调节人体内分泌系统功能,预防疾病。

2. 促进新陈代谢

乒乓球运动锻炼能够促进体内物质合成与分解代谢的平衡以及各项代谢功能的改善,并使机体生成更多的能量和营养成分,使机体营养需求得到满足,促进新陈代谢。

二、乒乓球运动促进大学生心理健康

（一）对认识过程的影响

1. 使运动表象成熟

乒乓球运动是常见的身体锻炼活动,大学生在这项运动中进行大量的身体练习,能够达到增强体质、愉悦心理的目的。长时间的积极参与和锻炼还能增强肌肉运动感觉,使运动表象不断趋于成熟。

2. 使思维丰富、敏捷

乒乓球运动能够使人的思维更加敏捷,主要体现在动作思维上。大学生在乒乓球运动中要通过完成具体的动作才能产生动作思维过程。运动过程中人的动作思维往往以组合形式出现,因为身体各个部位都在不停运动,在各部位动作的基础上形成丰富、敏捷的组合式动作思维,在运动实践中解决现实问题同样离不开敏捷的动作思维。

（二）对情感过程的影响

不同的个体有不同的需要,并追求不同的事物来满足自己的需要,某一事物是否与个体的需要相符,能否满足个体需要,应该由个体自己去体验,这种体验的本质就是情感。情绪是情感的重要组成和重要表现,乒乓球运动对大学生情感过程的影响集中反映在对情绪的影响上。人的心境、激情和应激都与情绪有关,这是几种常见的情绪状态,乒乓球运动对这些情绪产生了重要影响。

心境:心境具有持久性、微弱性和色彩性,乒乓球运动锻炼能够帮助大学生产生良好的心境。

激情:激情具有短时性、快速爆发性和激烈性,激情这种情绪状态的外部表现很明显,如大学生在乒乓球比赛中兴奋地表现自己的技巧与能力。

应激:应激的特点是紧张、出乎意料,这种情绪状态发生在意外突如其来的情况下,这时个体必须做出某种决定,没有犹豫的时间和选择的余地。乒乓球运动经验丰富的人往往能在比赛应激条件下快速反应、判断和采取行动,在这个过程中必须高度集中注意力,主动联想过去的经验,果断决定。应激状态下的行动激活了机体器官,并使参与工作的系统的功能发生了积极变化。

(三)对个性心理的影响

1.对体育态度与行为的影响

性格的形成和家庭环境有关,每个人的体育态度和行为也与其家庭环境、家庭教育情况有关。作为社会的基本单位和道德集中点,家庭从初始意义上影响着人的性格。家长的生活态度、生活方式、行为习惯等对孩子性格的养成有重要的影响。要培养大学生对乒乓球运动的积极态度和良好行为习惯,就要从小抓起,从家庭教育抓起。家长如果喜欢乒乓球运动,养成了长期参与的好习惯,那么这种体育态度和体育行为就会给下一代体育态度、体育兴趣以及良好运动行为习惯的养成带来积极影响,并有利于促进下一代形成正面性格。父母对孩子的态度可能会终生影响孩子的性格,所以父母要自己先树立良好的体育态度,养成良好的运动习惯,然后积极影响孩子,使其树立终身体育的意识。

大学生在学习乒乓球知识和参与乒乓球实践的过程中也能培养良好的体育态度和行为习惯,并进一步塑造性格。因此要重视激发大学生的运动动机,培养其良好的体育态度、科学的运动观和正确的健康观,鼓励大学生参与乒乓球运动,使其在运动实践中获得多方面的收益,受益终身。

2. 塑造乐观性格

性格是个人对现实的稳定的态度和习惯化了的行为方式。大学生参与乒乓球运动,在多种因素的影响下完成对乒乓球的认识过程、学习过程、情感体验过程,这些过程伴随实践活动而真实发生,使大学生形成对这项运动的一种稳定的态度,并在实际行动中以各种各样的形式去表现这种稳定的态度,从而形成了特定的行为方式和运动习惯。

性格是人的独特心理特征的总和。大学生坚持参与包括乒乓球在内的体育运动,能够变得意志坚定、热情开放、团结合作、坚持不懈、与时俱进。人的性格虽然具有稳定性,但不是完全不变的,在特定环境的影响下人的性格可能会有所变化。大学生长期参与乒乓球运动,不断陶冶情操,丰富情感,久而久之可以形成更好的性格,这种变化主要表现为内向变外向、胆小变勇敢、被动变主动、消极变乐观等。

3. 塑造与健全人格

人格是指人的性格、气质、能力等特征的总和,也指个人的道德品质和人作为权利、义务的主体的资格。人格魅力则指一个人在性格、气质、能力、道德品质等方面具有的吸引人的力量。一个人如果人格魅力巨大,那么他就拥有智慧、力量等无形的财富,在社会上也会获得更多的温暖,发展的机遇也很多。在快节奏的社会生活中,人们面临重重压力,这时人格魅力对一个人来说就更加重要了,它是人们克服压力、走出困境、勇往直前和获得帮助的重要工具。乒乓球运动对塑造人格和提升人格魅力具有重要影响,主要表现如下。

(1)塑造智慧人格

在乒乓球运动教学、训练中,大学生既要对身体动作达到一定的熟悉度,并在内心产生相应的情感,同时还要掌握一些外在的表现技巧;而且在对抗性的乒乓球游戏或比赛中,大学生还要思考应对战术,这有助于培养大学生的思维能力和智慧,提升其智力水平。

（2）塑造道德人格

人要经历很长的过程才能形成道德人格，影响道德人格形成的因素有很多，其中教育的影响非常显著，乒乓球教学在很大程度上影响着学生道德人格的养成。例如，在乒乓球教学中，学生参与双打练习，在实践中相互帮助、合作，树立合作意识，培养协作精神，不但有助于提高教学效果，还有利于对学生的良好道德品质进行培养，促进学生道德人格的养成和提升。

第三节　高校乒乓球发展概况

一、大学生对乒乓球运动的认知情况

（一）喜爱情况

当前，我国高校设置的体育课程丰富多样，大学校园中流行的体育项目五花八门，高校体育课从以班级为单位统一上同一门课程的形式逐渐发展为学生根据自己的兴趣爱好选修课程的形式。大学生决定选修哪门体育课时，往往会从自己的兴趣、需要、特长、身体活动能力和考试能力等实际情况出发。为了满足不同大学生的需求，高校开设多样化的体育课，大学生的选择面广，从他们选择的课程中可以看出他们对不同体育项目的喜爱程度。总体上，高校喜欢乒乓球运动的大学生比较多，这与乒乓球运动是我国的"国球"，影响力巨大，而且乒乓球运动具有健身、娱乐等功能有很大的关系。

（二）参与情况

1. 参与态度

人对待任何事物的行为活动是由其对该事物的态度所决定的。学生的学习行为表现由其学习态度所决定,而学习态度又反映在学习行为习惯中。学习态度积极的学生往往会主动学习,学习效果较好,而学习态度持消极的学生在被动学习中难以取得理想效果,学习成绩也难以令人满意。调查发现,高校大学生积极参与乒乓球运动的情况还是比较乐观的,参与态度积极的学生较多,消极被动和持无所谓态度的学生相对较少。主动参与乒乓球运动的学生大多喜爱乒乓球运动,并且希望通过参与这项运动可以锻炼身体,丰富校园生活。而部分大学生之所以没有积极参与乒乓球运动或没有选修乒乓球课程,一方面与其自身的兴趣爱好有关,另一方面与学校乒乓球教学条件有关,如硬件教学条件简陋,缺乏场地器材,课堂上教师一贯的传统教学风格无法使大学生专注学习课堂知识,无法调动学生的学习积极性。

2. 参与动机

大学生参与体育活动是内在动机驱使的结果,动机的功能作用主要表现为行为定向、调节行为方向、强化行动、维持习惯等。良好的体育学习动机有助于提高大学生参与体育活动的效果。通过调查发现,大学生参与乒乓球运动的动机主要集中在锻炼身体和娱乐放松两个方面,此外,以展示特长与个性、结交朋友、磨炼意志为动机与目的而参与乒乓球运动的学生也占到一定的比例,不管大学生出于什么动机和目的参与乒乓球运动,只要动机合理,目标明确,都是值得肯定的,这些动机能够推动大学生积极参与学校乒乓球活动,促进乒乓球运动在大学校园的普及与推广。

3. 参与行为

调查发现,高校中经常参与乒乓球运动的学生不及经常参加篮球、跑步等运动的学生多,导致大学生不经常参加乒乓球运动的原因包括场地有限、设施条件差、环境氛围不和谐、得不到有效指导等。参与频率低制约了乒乓球运动在高校的全面普及与广泛开展。

二、高校乒乓球课程开设情况

高校设置的体育课程直接影响大学生终身体育意识的培养与终身体育锻炼习惯的养成。高校乒乓球课程的开设情况影响大学生参与乒乓球运动的意识与行为,若高校重视乒乓球运动,设置了不同形式的乒乓球课程,那么大学生对这项运动的参与度就会提升,学习热情也会得到激发,从而促进高校乒乓球运动的普及与发展。而如果学校领导不重视这门课程,那么学生的参与度就较低,乒乓球运动也难以在校园中迅速普及。调查发现,在校大学生中,上乒乓球必修课和选修课的学生所占比例较少,没有上过任何形式乒乓球课程的大学生占到一半以上,这反映出高校不重视乒乓球运动、乒乓球课程的开展形式缺乏合理性等现状与问题,最终导致高校乒乓球运动发展水平低,普及面狭窄。

三、高校乒乓球课外活动开展情况

乒乓球运动技能具有系统性、复杂性、多样性,要系统掌握复杂多样的乒乓球运动技能,就要长期坚持不懈地学习与练习,这是实现动作定型的基本条件。对高校大学生来说,只在体育课上接触乒乓球运动是很难熟练掌握乒乓球运动技能的,因为体育课的时间有限,一周安排的课次少,而且体育课上未必每次都是教乒乓球,所以在如此有限的时间内学生不可能进行大量的重复练习,不可能熟练掌握所有技术并加以强化,如果只靠体育课上的练习,那么大学生也就只能掌握乒乓球基本功,很难有更高水平的发展,鉴于这种情况,利用大学生的课余时间开发课外乒乓球活动就很有必要了,课外活动是课堂教学的有效拓展与延伸,能够帮助大学生提高对乒乓球运动的认知,使大学生的乒乓球运动水平得到有效的提高。

调查发现,参加课外乒乓球活动与训练的大学生并不多,大多数学生不参与课外训练。为比赛做准备是少部分学生参与课外乒乓球训练的主要原因,另外锻炼身体、丰富课余生活也是常见原因。而没有兴趣、学校体育设施条件不能满足学生需求、缺乏组织与引导是大多数学生不参与课外乒乓球训练活动的主要限制因素。

四、高校乒乓球比赛开展情况

乒乓球比赛是学校乒乓球活动的重要形式,通过高校乒乓球比赛的开展情况能够反映出高校乒乓球运动的普及与发展情况。乒乓球比赛不仅是专项技能的较量,也是体力、心理与智力的较量,举办高校乒乓球赛事有助于提高大学生的乒乓球水平,锻炼大学生的身体和心理素质,提高大学生的智力与思维能力,促进大学生全面发展。高校乒乓球赛事的举办还有助于促进乒乓球运动在高校的进一步普及与发展层次的提升,举办院系和院校之间的乒乓球赛事还有助于为促进教学交流和学术交流提供机会与平台。

调查发现,高校举办的乒乓球赛事较少,校内与校外赛事的举办情况都不容乐观,而且以学校为单位组建运动队参加地方或全国乒乓球赛事的高校也比较少,从参加比赛的学生运动员的表现来看,整体水平不是很高,参赛的学生比较固定,大部分学生没有参加过比较有规模的乒乓球比赛。这些都说明乒乓球运动在高校的开展还不够广泛,普及力度较弱。

第二章　高校乒乓球基础教学理论指导

高校开设乒乓球课程,开展乒乓球教学工作,离不开科学教学理论的指导。构建乒乓球教学理论与方法体系,在科学理论与方法的指导下组织与实施乒乓球教学,对促进乒乓球教学过程的顺利进行、提高乒乓球教学效率和最终效果具有重要意义。并且,随着乒乓球实践教学的发展,也要不断健全与完善乒乓球教学理论与方法体系,使之与教学实际、教学需要更加相符,从而更好地发挥指导作用。本章将从高校乒乓球教学理念与目标、教学原则与方法、教学模式与评价、教学文件与环境等几方面为高校乒乓球教学的实施提供科学理论参考和方法指导。

第一节　高校乒乓球教学理念与目标

一、高校乒乓球教学理念

(一)健康第一理念

在时代不断进步、经济迅猛发展的今天,我国对人才的需求越来越严格,对全面型人才的需求持续增加,因此高校教育在培养人才方面越来越注重全面发展。大学生作为国家的栋梁和民族的希望,承担着很大的学习压力和就业压力,他们的时间被学习、筹备工作占满,而没有多余的时间参加体育锻炼,最终造成了大学生体质健康水平逐渐下降的现状;而且很多普通高校对体育教育不太重视,对大学生体育活动的举办也没有给予足够的支持与鼓励,而且组织体能测试也只是表面工作,所以说大学生的健康无法得到有效的保障。健康是奋斗的"本钱",如果身心不健康,是没有精力奋斗的,最终也没有能力为祖国建设贡献力量。为了更好地培养全面型人才,推动国家现代化建设,高校要树立"健康第一"的教学理念,在这一教学理念下制订乒乓球教学方案,加强乒乓球教学改革与创新,高度重视在高校乒乓球教学中对大学生健康体质的培养,为国家培养身心健康、专业突出、全面发展的栋梁之材。

（二）人本教育理念

人本主义理论的核心思想是,我们要以人性为中心来探讨技术性因素的发展,然后促进人与自然环境、社会环境的和谐发展。人本主义思想体现了对人性、个性的尊重,对促进人的全面发展具有重要意义。现在,人本主义理论受到了广泛的认可,在很多领域都树立了该理念,在这一思想的指导下开展工作,教育领域同样如此。将人本主义理念引进教育领域,将该理念的核心思想与教育的特征相结合,从而形成了人本教育理念。

人本教育理念的基本思想是,教育活动是围绕学生这个核心而展开的,应该将教学活动的中心定位在学生角色上,而不是教师,要围绕学生这个中心角色的兴趣爱好、个性需求而设置课程,实施教学过程,要根据不同学生的不同情况而进行区别化、个性化教学,要将所有学生的潜能充分激发出来,促进每个学生健康与发展。

总的来说,人本教育理念尊重人的本质属性,并由此出发通过科学教育来满足人们的心理需求,实现人的个性化发展目标,促进人生命质量的提升,从一定程度上而言,这与全面发展的教育理念是非常契合的。

（三）快乐教学理念

现代乒乓球教学如果缺少了乐趣,单纯严肃地讲解知识,传授技能,那么学生就会在漫长的枯燥的教学中失去兴趣,最终影响教学质量。可见,开发乒乓球教学中的趣味元素,或将趣味元素融入乒乓球课堂,提高教学的趣味性非常重要。这就需要在高校乒乓球教学中树立快乐教学理念,强调培养学生乒乓球兴趣和创造力的重要性,让学生的身体素质、乒乓球技能在充满趣味、轻松活泼的氛围中得到提升。

在高校乒乓球教学中树立快乐教学理念，要求乒乓球教师将原来运动教学中的一部分用情感教学替代，在培养学生健康体质、运动技能的同时注重学生人格的培养与健全，同时要使学生树立自觉学习、乐于学习的学习观，在乒乓球学习过程中享受乐趣，领悟奥妙。为了提高乒乓球教学的趣味性，吸引学生的学习兴趣，乒乓球教师还要重视对传统教学方法的改革，适当选用一些游戏教学方法来活跃课堂氛围。

（四）终身体育理念

人们在任何时间和地点都能根据自身实际情况和现实需要而从事适宜的体育锻炼活动，这就是一般意义上的"终身体育"理念。终身体育包括学校体育、家庭体育、社会体育，这是从终身体育的构成空间上而言的，也有相应的构成人群，各个空间的所有人群都应该具备一定的锻炼能力，养成良好的锻炼习惯，这些都是终身体育的重要组成要素。不管是学校体育、家庭体育、还是社会体育，都充分体现了体育运动的重要价值，如强身健体、愉悦心理、陶冶情操、防治疾病、延年益寿、社会交往等。鉴于体育运动对人的一生都有重要意义，高校体育教学中必须树立终身体育理念，构建终身体育教学体系，促进体育教育的深化与拓展。乒乓球教学是体育教学的重要内容，同样也要树立终身体育理念，并在终身体育教学体系的指导下展开教学工作，使乒乓球运动伴随大学生的一生，为大学生的健康提供终身保障。

二、高校乒乓球教学目标

确定乒乓球教学目标，要考虑不同学生的实际情况，要对不同水平的学生提出不同的教学目标，体现教学目标的层次性。下面将乒乓球教学目标划分为基本目标和发展目标两个层次，基本目标是面向大多数学生提出的目标，发展目标是在实现基本目标的基础上面向乒乓球技能水平较高、有特长优势的学生提出的较高层次的目标。不管是基本目标还是发展目标，在不同的目标领域有不同的表现。下面具体分析乒乓球教学在认知、身心健康、运动参与、运动技能以及社会适应五个领域的目标内容。

（一）基本教学目标

1. 认知领域

认知领域的教学目标有 7 个级别,如图 2-1 所示。在高校乒乓球教学中面向多数学生提出的认知领域基本目标一般处于较低级别。

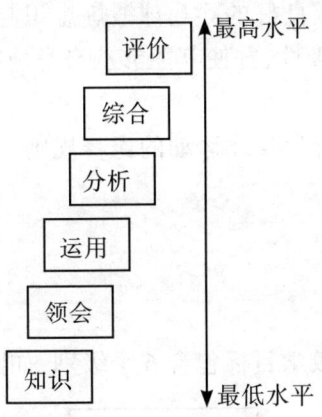

图 2-1　认知目标 ①

大多数学生在高校乒乓球教学中要达到以下认知目标。

（1）使大学生认识与理解乒乓球基本理论知识。

（2）使大学生了解乒乓球运动的新知识与文化内涵。

2. 身心健康领域

（1）身体健康目标

①作息规律,生活方式健康,行为习惯良好。

②使大学生能够进行健康自评。

（2）心理健康目标

①使大学生在乒乓球学练中体会到乐趣,心理得到放松。

---

① 李启迪,邵伟德.体育教学基本理论研究[M].北京:北京师范大学出版社,2014.

②使大学生通过乒乓球学练调整心理状态,合理宣泄情绪,学习与生活态度更加乐观、积极。

③使大学生具有坚持不懈和克服困难的精神。

3. 运动参与领域

(1)提高大学生的乒乓球认知水平,提高大学生在乒乓球学习中的积极主动性。

(2)使大学生形成良好的乒乓球锻炼意识与行为习惯,提高其参与乒乓球活动的自觉积极性,并使其能够从自身情况出发制订适合自己的锻炼处方。

(3)使大学生了解乒乓球运动的比赛规则,并能在乒乓球比赛中基本完成裁判工作。

4. 运动技能领域

运动技能领域的教学目标包含 6 个级别,如图 2-2 所示。

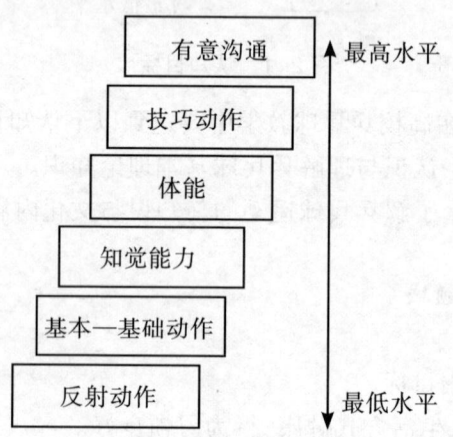

图 2-2　运动技能目标 ①

在高校乒乓球教学中面向多数学生提出的运动技能领域基本目标处于中低级别,体现在以下几方面。

---

① 李启迪,邵伟德 . 体育教学基本理论研究 [M]. 北京:北京师范大学出版社,2014.

（1）提高大学生的基本运动能力和乒乓球的一般与专项素质。

（2）使大学生对乒乓球基本技术和身体素质锻炼与提升方法有初步的掌握。

（3）使大学生了解在乒乓球运动中哪些运动损伤是比较容易发生的，并熟悉常见损伤的处理方式。

5.社会适应领域

（1）使大学生善于沟通交流，与同学保持友好关系。

（2）培养大学生的合作与竞争精神，使其学会正确处理合作与竞争的关系。

（二）发展性教学目标

1.认知领域

（1）提高大学生对乒乓球理论知识的认知水平，并能利用已学知识来提高自己的运动能力，将理论运用到实践中。

（2）使大学生对乒乓球运动的新动态、新政策予以掌握。

2.身心健康领域

（1）身体健康目标
①生活方式积极、健康。
②使大学生能够根据环境的变化进行适应性锻炼，全面提升身体素质。
③了解营养膳食指南，饮食健康。
（2）心理健康目标
①使大学生在乒乓球学习与练习中得到美好的体验与享受。
②使大学生自觉利用乒乓球运动调整心态，展现出青年人的朝气蓬勃。
③使大学生的意志更加坚强，自信心得到提升。

3. 运动参与领域

（1）使大学生形成自主锻炼的意识与习惯，积极参加校内外形式多样的乒乓球活动，并在不断的实践中提高乒乓球审美能力。

（2）使大学生能够根据自身实际情况独立完成对乒乓球训练计划的设计。

（3）使大学生对乒乓球比赛规则更加熟悉，并能在高水平乒乓球运动比赛中根据已掌握的乒乓球比赛规则独立完成裁判工作，提升大学生的裁判能力和比赛欣赏能力。

4. 运动技能领域

（1）使大学生的乒乓球基本运动能力、专项运动能力得到提高，同时拥有良好的技术能力来参加比赛。

（2）使大学生对乒乓球技术原理、战术原理予以掌握，促进其技战术水平的提升及在比赛中技战术运用能力的提升。

（3）使大学生对乒乓球运动中常见运动损伤的发生机理予以掌握，并能正确判断损伤类型，紧急处理运动损伤。

5. 社会适应领域

（1）使大学生在乒乓球活动中主动结识朋友、帮助他人，提高社交能力。

（2）使大学生在乒乓球比赛中将合作与竞争关系处理好，拥有良好的体育道德，展现出自己的体育精神。

第二节 高校乒乓球教学原则与方法

一、高校乒乓球教学原则

(一)适量性原则

适量性原则是指在乒乓球教学活动过程中有意识地控制练习的时间、强度和密度,防止过大的运动负荷造成学生过度疲劳或受伤。一定要在安全的前提下进行教学,在运动负荷的安排中遵循适量性原则,防止学生过度疲劳或过度兴奋,以免影响身心健康。乒乓球教学的形式、内容、运动负荷都要符合适量性要求,在教学实施过程中具体要注意如下几点。

1. 合理调节负荷、节奏

根据学生的认知能力,一般在课堂教学前半部分可安排有一定认知难度的内容,比如新的或较难的动作,而后半部分则以难度较小或带有复习性质的内容。这样既保证了学生可以学习新内容,同时难度又不会过大,以免导致学生产生畏难情绪。从学生的情绪来看,应遵循循序渐进的原则来安排运动负荷,如果一上来就安排让学生情绪过度兴奋的内容,会影响新动作的学习和掌握,因此,可以在后半部分适当地让学生的情绪释放,自由练习。

2. 科学安排时间

在乒乓球教学过程中,教师要对教学时间有合理的把握,包括教师讲解和示范时间的比例要适量,如果时间太短,学生还不能完全理解,如果时间太长,学生的注意力容易转移。

3. 课前做好准备工作

没有专门乒乓球场馆的高校实施乒乓球教学多是在户外,这需要教师提前对天气情况有所了解,同时还要确保场地和相应设施的完全,这些都要求教师在课前做好充分的准备工作。此外,教师还要根据季节和气温情况调整教学中的运动负荷。在炎热的夏季避开日照强烈的时间段,选择活动量小的内容;在寒冷的冬季可适当增加练习密度和运动负荷。

(二)差异性原则

差异性原则是指,教师在乒乓球教学过程中要充分考虑学生的个体差异。因为学生体质健康水平、运动基础、学习能力等存在差异,所以不适合采用一刀切的教学方法。乒乓球教师要根据学生的个体差异程度采取不同的教学方法,对不同水平的学生进行不同的指导,做到因材施教。这就要求乒乓球教师要具有丰富的教学经验,对学生的身心发育规律、体能差异、运动水平差异有一定的了解和掌握,并能够敏锐地观察每个学生在乒乓球学练中的表现,进行适时的、正确的引导。

(三)启发创造原则

在高校乒乓球教学中,教师不仅要传授乒乓球知识与专项技能,培养学生的乒乓球理论素养与专项能力,还要开发学生的智力,培养学生的意志品质,丰富学生的情感,提升学生的创造力。要完成这些培养目标,就要贯彻启发创造原则,在教学过程中创设情境,设计问题,鼓励学生自主思考,独立或合作解决问题。这也是素质教育的要求。

在高校乒乓球教学中贯彻启发创造原则,要做到以下几点要求。

(1)将学生的学习动机和热情激发出来,培养学生探索与创新的积极性。

(2)将培养学生的思维能力作为教学目标之一。

(3)设置适宜的、能够启发学生自觉思考的问题情境。

（四）师生协同原则

在乒乓球教学中,教师的教与学生的学密切相关,相互影响,相互作用,整个教学过程也可以看作是教师与学生频繁互动、协同完成教学任务的过程。鉴于乒乓球教学的这一特征,在教学中贯彻师生协同原则非常必要。在高校乒乓球教学中,既要承认与尊重教师的主导地位,也要高度重视与尊重学生的主体地位,乒乓球教师发挥的主导作用与学生主体的能动性相互促进与协调,要特别强调学生发挥主观能动性对提高教学效果的重要性。

在高校乒乓球教学中贯彻师生协同原则,要做到以下几点要求。

（1）乒乓球教师与教学对象之间要建立良好的关系。

（2）乒乓球教师要使学生掌握适合自己的学习方式,将其学习的主动性与积极性调动起来。

（3）教学要生动有趣,氛围和谐活泼,师生互动体现出民主性。

（4）师生平等对话,提高互动质量。

二、高校乒乓球常规教学方法

在高校乒乓球教学中,要达到良好的教学效果,必须采用科学有效的教学方法,教师要结合各方面的实际情况和为实现乒乓球教学目标服务的宗旨而科学设计与合理采用教学方法。

下面具体分析高校乒乓球教学中常用的几种教学方法。

（一）讲解教学法

讲解教学法就是教师向学生说明动作要领、方法和规则要求等知识,目的在于指导学生学习和掌握乒乓球知识与运动技能。

在高校乒乓球教学中运用讲解法应注意以下要求。

（1）明确讲解目的,根据教学目标、教学内容和学生特点进行讲解。

（2）在讲解时,应注重内容的正确性,讲解方式要与学生的学习情况和学习能力相适应。

（3）讲解要生动形象、简明扼要,以使学生更好地理解教学内容。

（4）讲解中不能将一些知识体系和动作技术孤立开来，要注重启发学生的发散性思维和创造性思维，使学生触类旁通，举一反三，学以致用。

（5）注重讲解的时机和效果，充分调动学生的积极性。

（二）动作示范法

动作示范法是教师采取一些示范动作使学生掌握技术动作的形象、结构和要领的基本方法。在高校乒乓球教学中采用动作示范方法时，应注意以下几点。

（1）动作示范应具有目的性，根据目的调整示范速度、示范角度和示范次数。

（2）示范动作正确无误，与学生的学习能力相适应。

（3）教师在全体学生都能看到的位置完成动作示范。

（4）示范时一般要配合讲解，使学生更好地理解动作。

（三）游戏教学法

设计与运用乒乓球游戏是乒乓球教学中常用的方法之一。乒乓球游戏将游戏和乒乓球教学内容融合起来，突出学生学习的主体性和发展的综合性，需要在教师的有效干预下去实施。设计乒乓球游戏要求将游戏与乒乓球教育融为一体，使乒乓球教学目标在乒乓球游戏过程中得以实现。设计的游戏要能够将学生的参与积极性成功调动起来。学生身心发展规律、乒乓球教学训练原理、教学任务与目标等是设计乒乓球教学游戏需遵循的理论依据。

在乒乓球游戏的运用与实施中，整个过程离不开教师的有效干预。教师的干预必须是有效的，也就是通过干预要能够对学生的学习起到积极的作用，而不是一味惩罚违背游戏规则的学生或批评没有完成游戏任务的学生。游戏教学法的运用具体包括创编游戏、选用游戏、干预控制游戏过程以及评价游戏实施效果等多个有机联系的环节。

（四）合作教学法

乒乓球是隔网对抗运动,因此在高校乒乓球教学中,不仅要培养学生的积极主动性和思考能力,还要采取合作教学法对学生的合作能力、竞争精神、社会适应能力进行培养。合作教学中不仅要强调学生与学生之间的合作,还要注重师生之间的合作,营造良好的课堂氛围,具体采用学习小组的教学组织方式,在教学评价中不仅要评价个人表现和成绩,还要评价小组表现,具体采用的教学手段要有助于促进学生良好心理品质的形成和合作能力的提升,增强学生的社会适应性。

在合作教学过程中,要合理划分学习小组,各小组分工明确,每个学生要清楚自己的角色,小组成员之间相互合作,取长补短。

（五）启发式教学法

在传统乒乓球教学中,教师采用的教学方法具有较强的指令性,教学方式以命令学生执行某个规定为主,教师在课堂上有绝对的支配权,这严重限制了学生主体性、能动性和个性的发挥,也不利于调动学生学习的积极性,对学生的长远发展是不利的。此外,教师控制课堂也忽视了与学生的互动,不利于良好教学氛围的形成。

为提高学生主动参与乒乓球教学的积极性,在高校乒乓球教学中应将一部分控制权交给学生,以启发式教学为主,乒乓球教师主要是利用学生的乒乓球基础知识、基础技能及其他相关知识等个人经验,选择学生身边发生的事例去引导他们主动思考、实践,并有所领会和感悟,这对学生掌握乒乓球知识和技能是有积极作用的。

在乒乓球教学中采用启发式教学法,教师要适当提一些问题,以开放性问题为主,体现出问题的预设性和描述性,提问要有依据,要系统一些,便于学生独自生成信息,使学生能够在问题面前主动思考、判断和做出回答。启发式教学方法的应用形式是多种多样的,包括直观启发、比喻启发、对比启发等,在教学中要灵活应用不同形式的启发方式,引导学生积极思考,提高学习效果。

（六）多媒体教学法

当代社会,多媒体教学法已经渗透教育的各个领域,其中包括高等院校的体育教学领域。面向对多媒体技术感兴趣的学生进行乒乓球教学,采用多媒体教学方法是非常可行的。多媒体教学法包含丰富的视听素材,可以帮助学生更快、更准确地理解教学内容,教师可以采用直观的多媒体教学手段更加生动地传授乒乓球技术方法与实践经验,这非常符合学生的认知水平和兴趣爱好。初学乒乓球的学生更适合接受直观、形象的信息传授方式,因而采用多媒体教学方法能够使学生很快地进入学习状态。

在多媒体设备的辅助下,教师可以将单调、难以用语言生动表达的教学内容转化成为学生喜欢的动画形式,在声音、画面全面环绕的情境下,学生可以更好地集中注意力去学习和掌握乒乓球技术动作。

（七）多球训练法

多球训练也是高校乒乓球教学中常用的教学方法之一,这是学生掌握乒乓球技术的练习方法,有助于提高学生乒乓球技术动作的熟练性与练习质量。下面主要分析一人多球练习法和两人多球练习法等。

1. 一人多球练习法

一人多球练习是一个人用一筐球练习单个乒乓球技术动作的方法。初学者适合采用这一练习法,有利于了解乒乓球的击球动作结构,提高发球技术质量。

2. 两人多球练习法

两人多球练习指的是两个人使用一筐球进行单个技术或技术组合练习的方式,这是提高学生技术质量和步法移动速度的重要练习方法。

三、高校乒乓球教学方法的优化与改革

（一）根据教学需要组合运用不同的教学方法

高校乒乓球教学既可以采用体育教学的一般方法，也可以从乒乓球运动特点出发设计专门教学方法，不管是一般体育教学法，还是乒乓球专项教学法，每种方法都有自己的优势，也有自己的不足，在教学实际中往往会用到多种不同的教学方法，而将不同的方法组合在一起运用便会产生不同的教学效果。为了提高与优化高校乒乓球教学效果，乒乓球教师要善于从教学目标、教学条件、具体需要出发而重视对不同教学方法的有机组合，具体可参考图 2-3 所示的教学方法优化模式图。

（二）教学方法与手段科学化

在高校乒乓球教学中，乒乓球教师要明确教学目标，依据教学目标而科学选用教学方法手段。乒乓球教学作为体育教学内容之一，其实践性很强，一些传统教学方法存在理论与实践不符且二者差距明显的缺陷，再加上在教学方法的实施中采用比较单一的教学方法，导致教学效率低下，教学质量下滑。针对这个问题，乒乓球教师要根据学校条件来创造丰富的教学手段，教学方法的运用要体现出多样化，以激发学生对乒乓球课的兴趣。同时，有必要将多媒体教学引进乒乓球课堂教学中，借助多媒体使学生充分理解乒乓球技术原理，在教学视频的慢放与回放中使学生掌握动作细节，全面掌握乒乓球技术的每个环节，提高学生学习的稳定性与专业性。

此外，因为乒乓球教学的技巧性也比较突出，而一些动作完成起来有些难度，因此要求乒乓球教师能够适当简化一些教学方法，使简化后的教学方法更符合学生的认知能力，更易被学生掌握与运用。

总之，传统单一的教学方法严重影响了乒乓球教学效果，要重视将丰富生动的多媒体运用到课堂中，发挥多媒体教学的特色与优势，以培养学生的学习兴趣，提高学生的学习质量。

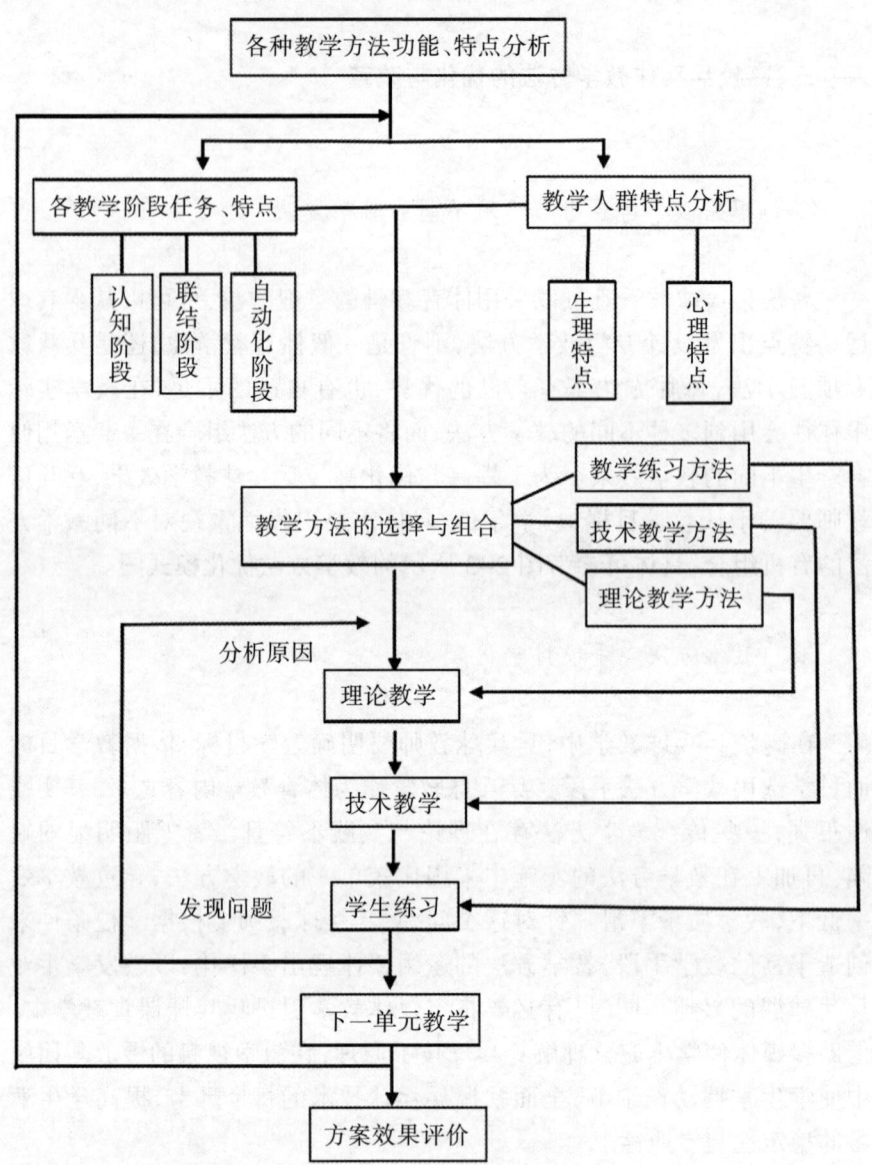

图 2-3　教学方法整合优化模式 [①]

① 张建龙,王炜.体育教学方法优化组合的依据、原则与程序 [J].新西部(下半月),2009（05）:241+238.

（三）基于多维教学目标选择教学手段

乒乓球教学目标具有层次性，包含多个领域的目标，如认知目标、身心健康目标、运动参与目标、运动技能目标、社会适应目标等。实现任何一个领域的目标都需要采用多种方法或手段，如果只采用单一的方法或手段则很难使教学目标顺利实现。在多种教学方法与手段中，其中有一种是主要方法，而其他是补充与辅助方法。概括而言，在高校乒乓球教学中，基于多维领域的教学目标要选择以下几种教学手段。

1. 健康手段

在以实现身心健康目标、社会适应目标为主的乒乓球教学中，主要采用健康教育教学手段。在教学中将健康的内涵、标准等重要信息传达给学生，使学生清楚健康的真正含义和包含的内容，激发与调动学生为促进自身身心健康而主动参与乒乓球运动和学习乒乓球运动技能的积极性。

健康包含道德健康，向学生明确何为道德健康以及如何实现道德健康，不仅能实现健康目标，同时也能实现社会适应领域的教学目标。

2. 科学与技术、技能手段

在以实现身心健康目标、运动技能目标为主的乒乓球教学中，通常以"科学与技术、技能教育"作为主导教学手段。在教学过程中采用这一主导手段，使学生对乒乓球专项知识、专项技能有所掌握，并在参与中将所学专项知识与技能作为参与的"资本"，而形成乒乓球运动专长的学生在运动参与中表现得更加积极主动。当学生能够自主参与乒乓球运动，并从自己的已有经验和知识结构出发而对促进健康的乒乓球运动手段进行选择时，身心健康的目标自然就能够顺利实现。

能够在运动参与中运用运动知识、运动技能而实现身心健康目标的学生往往能够引来同学的关注，会有同学主动与其交流、向其请教，学生分享自己的经验和心得，有助于增进同学关系，这对实现社会适应领域的目标很有帮助。

3. 人文手段

在以实现运动教育目标和社会适应目标为主的乒乓球教学中,往往采用以人文教育为主的教学手段。采用人文教育这一主导教学手段能够促进学生文化素养、内在精神的提升。实施人文教育,能够对学生的运动参与意识和积极性进行培养,拥有高度参与意识的学生能够主动参与乒乓球运动技能的学习,参与动机的增强使其不断追求以良好的运动参与效果来满足自己的求好心理。学生主动学习乒乓球技能,将乒乓球运动锻炼作为课余生活的一部分时,又有助于实现身心健康目标。

通过主动参与乒乓球锻炼而实现身体健康、运动技能提升等目标的学生,能够从运动参与中体验成就感,增强自信,从而逐渐实现心理健康目标,促进身心协调发展。

此外,采用人文教育手段能够促进学生人际关系和谐,使学生在乒乓球运动锻炼和学习中主动帮助同学,与同学团结协作、相互配合、相互帮助,进而实现社会适应领域的乒乓球教学目标。

(四)寓教于乐

乒乓球技术内容丰富,而且随着技术的不断更新,技术的多样性、先进性越来越突出,这就要求在高校乒乓球教学中采用丰富先进的教学方法实施教学。除了多样性、先进性外,乒乓球还具有娱乐性,是大学生愉悦身心、休闲放松的活动内容。这就要求在高校乒乓球教学中采取一些活泼有趣的教学方法来营造活跃的课堂氛围,贯彻寓教于乐的教学原则,以吸引学生的关注,激发学生的好奇心与积极性,使学生在轻松欢快的课堂氛围中锻炼身体,放松心理,掌握技能,提高思维能力,达到全面发展与提升的良好教学效果。

秉着寓教于乐的思想与原则实施乒乓球教学,不能刻意弱化技术教学难度,或者直接不教有难度的技术,这些做法都是不负责任的表现,不能为了娱乐而娱乐,寓教于乐最终也是要服务教学效果和教学目标的。因此,乒乓球教师要善于开发与设计一些娱乐性的教学方式,如游戏教学法、比赛教学法等,在能够引起学生兴趣的氛围中激发其主观能动性,使其通过参与乒乓球游戏与比赛而掌握乒乓球技战术,形成良好的竞争与合作意识,而且也能在娱乐化的教学中培养学生的体育道德与体育精神。

（五）注重对教学内容的分解及对教学方案的精炼

在高校乒乓球教学中,乒乓球技术是主要教学内容,培养大学生的乒乓球技术能力是主要教学目标之一,是运动技能领域教学目标的重要体现。为了达到这一目标,乒乓球教师要将不同难度的乒乓球技术进行分类,然后根据各类技术内容的特征与真实难度来制订相应的教学方案,使大学生逐步掌握由低到高不同难度的乒乓球技术,在各个阶段的学习中以相应的教学方案为指导,有方向有目的地学习。此外,分解教学内容还要注意对难度技术的分解教学,简化难度技术动作,以便于学生掌握。

不同大学生的认知能力、思维能力、身体活动能力以及乒乓球运动基础都是有一定差异的,因此高校乒乓球教师要适当精炼教学方案,针对不同水平的学生制订不同的方案,不管是教学目标还是教学方案,都要体现出层次性,以科学指导不同水平、不同层次学生的学习,使所有学生都能在自己所在水平的基础上有所进步,上升到更高的层次与水平。

第三节　高校乒乓球教学模式

一、高校乒乓球常规教学模式

（一）传统教学模式

传统教学模式是在运动技能教育观的指导下从运动技能形成规律出发而设计教学程序的一种教学模式,也被称为"运动技能传授模式"。这种模式主要是通过学习运动技术达到掌握运动技能的目的。乒乓球教师应先准确理解与深刻把握乒乓球技术动作的特征及规律,然后给学生传授运动技能与方法,从而实现运动技能领域的教学目标。

乒乓球教学中传统教学模式的应用程序如图 2-4 所示。

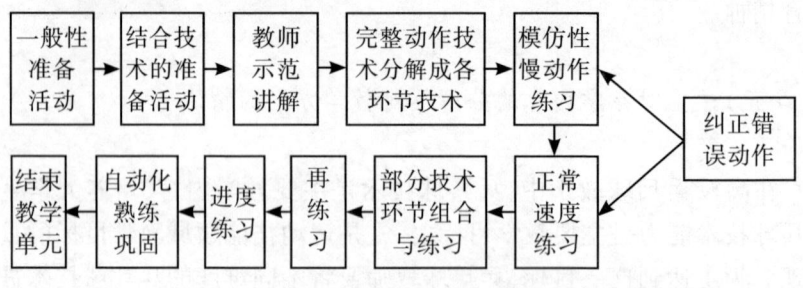

图 2-4　传统教学模式 [1]

（二）主动性教学模式

主动性教学模式是指教师在教学中创造条件，使学生充分发挥自主性、提高学生学习积极性的教学模式。

运用主动性教学模式能够实事求是地培养学生的主体意识，培养与提高学生的学习主动性和自主学习能力。该模式对学生本身的学习自觉性和自学能力提出了一定的要求，如果学生自学能力差，不主动学习，则难以取得预期教学效果。

主动性教学模式在乒乓球教学中的运用程序如图 2-5 所示。

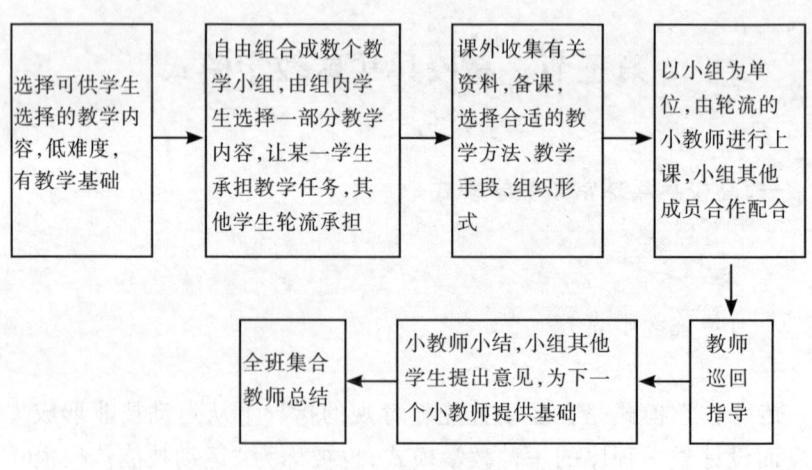

图 2-5　主动性教学模式 [2]

---

[1]　邵伟德.体育教学模式论 [M].北京：北京体育大学出版社，2005.

[2]　邵伟德.体育教学模式论 [M].北京：北京体育大学出版社，2005.

（三）小群体教学模式

小群体教学模式是指教师按某些共性和特殊性的联系将学生分成若干学习小群体,使学生在"互动、互助、互争"的学习活动中获取知识与技能、陶冶性情、树立集体主义精神的一种教学模式。

小群体教学模式是以学生为中心,使学生全身心投入自主学习,体现了"以人为本"教学思想。将该模式运用到乒乓球教学中,具体操作程序如图2-6所示。

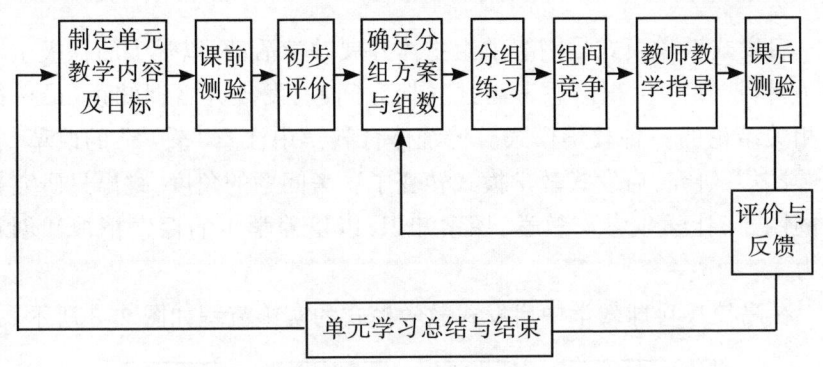

图2-6　小群体教学模式[①]

（四）快乐教学模式

快乐教学模式是指在乒乓球教学中以运动为基本手段,采用合适的教学方法增强学生体质,使学生获得快乐体验的教学模式。

快乐式教学模式有利于调动学生学习的积极性和主动性,能够在无运动技术要求的情况下增加练习时间,从而提高运动技能水平。该模式还注重感情因素和情感体验的发展,能够有效改进乒乓球教学。采用快乐教学模式,要注意避免教学内容的单一和教学方法的单调重复,否则会影响学生的学习兴趣和积极性。

在高校乒乓球教学中应用快乐教学模式的流程如图2-7所示。

---

① 葛冰.体育教学模式的整体优化研究[D].东北师范大学,2007.

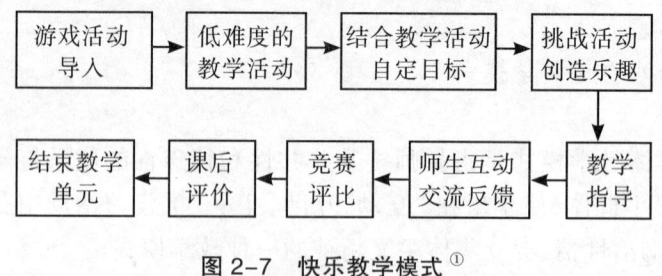

图 2-7　快乐教学模式 [1]

（五）启发式教学模式

启发式教学模式是围绕学生主体开展教学活动、以学生的积极主动性为基础、使学生积极思考与独立探究问题、发现并掌握知识、最后得出相关结论的一种教学模式。传统体育教学中注重"教法"的改革，忽视"学法"研究，启发式教学模式转变了思考问题的角度，跳出只研究教法的圈子，让学生参与教学，探索知识，以培养学生的探索精神和创新能力。

在高校乒乓球教学中启发式教学模式的实施流程如图 2-8 所示。

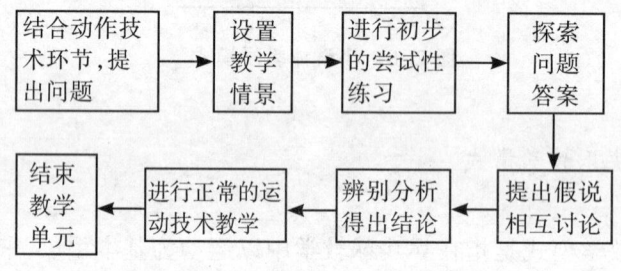

图 2-8　启发式教学模式 [2]

二、多元教育理念下乒乓球教学模式的实施

在知识经济时代，国家与民族的发展离不开科技和教育的推动。通

① 吴烦. 武汉市中小学体育教学模式的选用现状及发展对策研究 [D]. 湖北大学，2016.

② 吴烦. 武汉市中小学体育教学模式的选用现状及发展对策研究 [D]. 湖北大学，2016.

过发展教育,要对优秀的高水平全面型人才进行培养,全面型人才要具备的特点是科学文化素质高、身心健康、人格健康、品德高尚、责任感强、人生态度积极等,人才培养目标充分指明健康教育、科学教育和人文教育成为我国高校教育的重要组成部分和重点内容。随着高校体育教育的不断改革与发展,其与科学教育、健康教育、人文教育不断融合,科学、健康、人文等方面的教育在体育教学中深入渗透,并得到充分体现。在体育教学改革中,教学模式的改革创新是非常重要的一个方面,教学模式改革过程中也同样将科学教育、健康教育和人文教育融入其中,在多元化教育融合中不断创造出新的教学模式。

随着科学教育、健康教育、人文教育在体育教学中的不断渗透,体育教学中越来越重视学生的主体地位,体育教师试图以学生的立场来把握教学内容,组织教学过程,设计教学方法,尽可能使学生的合理需求得到满足,使学生的学习积极性、自主学习能力得到提升,并使学生能够根据自己的实际情况建立学习目标、制订学习计划,在自主学习中享受体育的乐趣,提升自身健康水平、运动能力以及体育素养。

有学者结合体育教学模式与科学教育、健康教育、人文教育融合的指导思想、基础理论以及趋势,设计了多元教育理念下体育教学模式的操作程序,如图 2-9 所示。

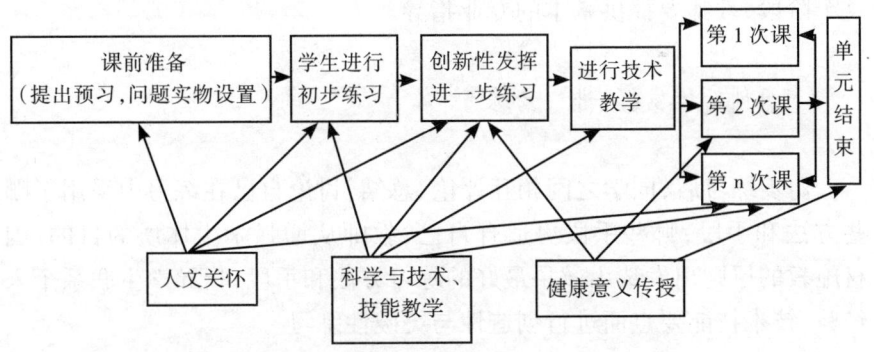

图 2-9　多元教育理念下体育教学模式的操作程序 [①]

从上图来看,多元教育理念背景下体育教学模式的操作程序比一般教学模式的操作程序更加复杂,其中充分体现了健康意识的培养、科学与技能教学以及人文关怀,它们相互交叉,对整个体育教学过程和教学

①　陈炜,黄芸.体育教学与模式创新 [M].北京:光明日报出版社,2016.

效果有重要的影响。将该程序运用到高校乒乓球教学中,既能培养大学生的乒乓球运动能力,又能提升大学生的综合素养,具体流程如下。

（一）课前准备

在课前准备阶段,乒乓球教师要先熟悉和深入理解乒乓球课程内容,在正确而深入地把握课程内容后,设计单元目标,并对相应的教学情境进行设置。这一阶段还要求教师对学生的各方面情况加以了解,为因材施教和个性化教学做好准备。

教师在这一阶段设置教学情境时,要注意尽量设计能够吸引学生注意力、启发学生自觉思考以及能够在实践中得到检验的问题,以激发学生的学习动机和自主性,同时教师要与具体乒乓球技术相结合而设计教学场景,充分把握乒乓球教学内容中的重难点。

（二）学生初步练习

学生在教师设置的教学情境中自主学习乒乓球知识与技能,自由练习,采用适合自己的方法熟悉乒乓球技术,建立正确的概念和形象。在这个阶段,教师要提供基本的专业指导。

（三）创新性发挥,进一步练习

初步练习后,同学之间相互评论、总结,讨论自己在练习中采用了哪些方法和手段,哪些手段更适合自己,教师从增强学生体质的目的、因材施教的原则出发选出效果最好的练习方法和手段,指导学生联系个人经验、技术技能要点而进行创造性与突破性练习。

（四）技术教学

在乒乓球技术教学过程中传播健康信息,培养学生的健康意识和终身体育意识,充分体现人文教育理念。

（五）单元教学

教师根据乒乓球单元教学目标组织单元教学,一个单元由若干课时组成,合理安排每个单元的乒乓球课时,注意各单元课时之间的紧密衔接以及单元之间的连贯衔接。

（六）结束单元教学

对本单元乒乓球教学过程、教学结果进行总结,提出乒乓球单元教学中存在的普遍性问题,提出解决策略,并对学生的学习效果进行评价,给出指导建议,为学生进行后面的乒乓球知识与技能学习提供参考。

第四节　高校乒乓球教学评价

一、高校乒乓球教学评价的作用

高校乒乓球教学评价是教学体系的基本组成部分,是教师对教学内容进行优化、完善教学设计、分析学生学习问题的基本依据。进行乒乓球教学评价具有重要的现实意义。

教学评价作为教学工作的重要组成部分之一,有助于促进教学方法的调整、教学模式的改革,激发学生的学习兴趣及提升学生的学习主动性。结合当前我国乒乓球教学状况,构建具有针对性、有调整空间的质量评价体系,能够为乒乓球教学改革提供参考。

构建与完善乒乓球教学评价体系,可以较为准确地为高校乒乓球教学评价提供基本依据,进一步明确影响乒乓球教学质量的主要因素,尤其是教学薄弱环节的影响因素,引导教师进行针对性的教学改革,进而提升整体教学质量,培养综合素质高的大学生人才,并为高校其他体育课程教学评价提供借鉴。

二、构建高校乒乓球教学质量评价体系

（一）构建原则

1. 科学性与引导性相结合的原则

评价体系指标的选取要全面覆盖乒乓球教学活动开展的各个方面，指标权重的确定要具有合理性，能够为乒乓球教学改革提供指引。

2. 系统性与针对性相结合的原则

各级指标之间既具有明显关联，又能够独立反映乒乓球教学活动某一方面的问题，具有一定的调整空间，在具体实施过程中可操作性强。

3. 定性分析与定量分析相结合的原则

各项指标既能准确反映乒乓球教学开展的本质要求，又能通过量化分析展现开展乒乓球教学应有的客观性。

4. 评价方法多样性和创新性原则

高校乒乓球教学质量评价体系中应包含丰富多样的教学评价方法，而且不能只限于传统评价方法，还要注意评价方法的创新，下面几种创新性评价方法可以灵活运用于高校乒乓球教学评价中。

（1）个性分析法

在正式开始进行乒乓球教学前，让学生自评，然后教师综合考查学生，根据学生的学习能力与起点确定适宜的评价方法。采用个性分析法时，一般用文字描述学生的学习起点。乒乓球教师通过个性分析，可以对学生的个性特征及个体差异有清楚的了解，从而进行个性化乒乓球教学，使学生在原有起点的基础上明确努力的方向，通过有针对性的学习

而取得进步。

（2）契约评价法

教师将确定学生学习内容与任务的机会留给学生,使学生自主选择和确定,学生学习一段时间后,教师根据约定评价学生学习情况和任务完成进度。这种评价方法能够使学生发挥自主性,提高学生学习的信心,也能使学生获得成功的体验。

（3）成果展示法

学生对乒乓球知识和技术的掌握情况直接反映了乒乓球教学的成果。因此可以让学生展示自己的乒乓球技术,从而进行成果评价,以了解学生的乒乓球运动水平,如通过组织简易比赛活动来考查学生的技术水平等。成果展示评价方法有助于提高学生学习的积极性,也能增强学生的自信心。

（二）构建流程

1. 分析影响教学质量的因素

结合高校乒乓球教学的一般特征,将影响教学质量的因素分为主观因素和客观因素。主观因素主要包括教师的备课情况、教学组织水平等方面的内容,客观因素主要包括教学硬件设施条件、教学评价反馈的及时与准确性等内容。

2. 指标权重及说明

利用层次分析法,结合乒乓球教学的一般特征,可将乒乓球教学质量评价体系的一级指标确定为课前准备、教学条件、教学过程、教学效果、评价反馈五个方面。利用德尔菲法,选择专家教授以评分方式对二级指标进行筛选,结合整体指标体系构建高校乒乓球教学质量评价体系指标说明表,具体见表2-1。

表 2-1　高校乒乓球教学质量评价体系指标

一级指标	二级指标	权重	排序	指标特征
课前准备	教学目标	0.055	11	目标是否明确、是否契合大纲要求是影响学生学习积极性的重要因素
	教学计划	0.057	9	制订教学计划需要先进行准确的学情分析,完善教学目标
	教案编写	0.074	5	教案编写是否合理、结构是否完善关系着内容的设置
教学条件	场地设施	0.051	12	场地建设能否满足日常教学要求、布局是否合理
	器材准备	0.045	13	器材设施供给是否充足,能否满足自主锻炼要求
教学过程	内容合理性	0.094	1	教学内容是否符合大纲和教学目标要求,技能学习流程是否科学,是否进行内容分层
	重难点突出	0.085	3	教学内容重难点定位是否准确对学生学习重心有直接性影响
	教学态度	0.066	6	教师仪态、精神状态、组织纪律等对教学实施效果有直接性影响
	训练密度	0.084	4	训练密度是否符合课程要求、学生活动是否充分对学生学习主动性具有直接性影响
	运动负荷水平	0.087	2	运动量、运动强度是否科学,是否具有调整空间
教学效果	教学目标实现	0.042	15	学生是否掌握运动技术,教学计划是否顺利完成
	知识应用能力	0.059	8	对乒乓球竞赛规则的了解、基本技术动作掌握水平、体育知识应用能力是否达到要求
	运动意识培养	0.061	7	是否养成良好的锻炼意识和运动习惯,能否积极进行自主学习
	情感态度	0.056	10	课堂气氛活跃程度、师生关系是否和谐、学生主体地位能否充分体现

续表

一级指标	二级指标	权重	排序	指标特征
教学评价反馈	课后指导	0.043	14	教师评价是否到位、反馈是否及时,能否给予学生正确指导
	教学反馈	0.041	16	教师是否能做好教学反思和案例研究,从而为后续教学改革提供参考

　　从指标权重排序来看,教学内容组织的合理性、运动负荷水平及教学重难点是否突出是影响教学质量的最为关键的因素。这说明在高校乒乓球教学中,教师对教学过程组织的重视程度和实际能力对教学质量具有直接影响。

　　3.评价体系的应用

　　基于高校乒乓球教学现状,通过教师自评和学生评价相结合的方式,对当前乒乓球教学活动开展中的各项指标内容进行评分,然后将调查得分与权重相乘得出最终评分。最终评分分数越高,说明该项指标对应的质量水平越高;分数越低,则说明该项指标对应的内容需要改进,从而确保整体教学质量的提升。

第五节　高校乒乓球教学文件的制定

一、乒乓球教学大纲的制定

　　乒乓球教学大纲指的是依据乒乓球教学计划中的教学任务和教学时数,具体规定乒乓球教学内容、不同内容的教学时数以及考核办法的文件。[①]

---

① 姜涛.乒乓球教育[M].长春:吉林大学出版社,2010.

（一）乒乓球教学大纲的结构

乒乓球教学大纲包括以下三个结构部分。

第一，说明部分：简要说明乒乓球课的教学目的、教学任务、教学内容范围及选择依据，安排乒乓球教学进度，提出选用教学方法的建议等。

第二，基本部分：列出乒乓球课程的教学内容、教学要点、教学课时、布置作业、考核要求等。

第三，结束部分：列出教材和参考文献。

（二）制定乒乓球教学大纲的注意事项

制定乒乓球教学大纲要注意以下几个方面。

第一，依据教学要求明确乒乓球教学目标、任务和内容。

第二，依据教学任务和课时安排确定具体教学内容，内容要科学、系统，要包括理论内容、实践内容。

第三，针对不同教学内容安排教学时数，注重合理搭配和比例适宜。

第四，将乒乓球基本理论、基本技术和基本技能列为主要考核内容。

二、乒乓球教学进度的制定

乒乓球教学进度是指按照要求在每次课中有序分配教学大纲中教学内容和教学时数的教学文件。[1]

（一）制定乒乓球教学进度的要点

制定乒乓球教学进度要注意以下几个要点。

第一，依据教学目标和教学要求全面安排教学内容。

第二，合理分配基本理论、基本技术和基本技能等教学内容的教学时数和课次，突出教学重点。

第三，循序渐进安排教学进度，保持乒乓球技战术自身的系统性，科

---

[1] 姜涛.乒乓球教育[M].长春：吉林大学出版社，2010.

学搭配教材,关注教材间的联系。

第四,依据不同阶段的教学任务与要求来综合安排乒乓球理论课、教法课、实践课。

第五,从学生实际情况、学校办学条件等实际出发安排教学进度。

第六,每次课的运动负荷适宜,注意不同强度的合理搭配。

第七,体现课内外与校内外的一体化教学模式。

(二)乒乓球教学进度的常用格式

教学进度的常用格式见表2-2,这一格式可以运用在乒乓球教学进度制定中,并根据实际情况灵活增加或删减。

表2-2　教学进度的格式 [①]

课程名称			学期		
授课班级					
教研室		授课教师		授课周数	
教材				学时数	
周次	课次	学时	教学形式	教学内容	备注

三、乒乓球教案的制订

乒乓球教案是乒乓球教师依据教学进度而编写的课时计划,这是教师上课的主要参考。乒乓球教案中应包括本次课的教学内容、教学任务、教学要求、教学方法、课每部分的组织形式等内容。编写乒乓球教案应从以下几方面进行。

(一)了解学生

了解学生的乒乓球基础、个性特征、身体条件、智力水平。

---

① 姜涛.乒乓球教育[M].长春:吉林大学出版社,2010.

（二）钻研教材

研究教学大纲，掌握教材内容的范围和深度，明确教材内容的重难点。

（三）考虑教法

考虑如何组织教材、如何安排每节课的活动、如何将教学方法与练习方法运用到课堂中。教学方法要丰富新颖，避免单一老套。

（四）确定课的任务

确定课的任务，任务应正确、全面、具体。

任务正确主要表现为符合教学进度的要求和学生的实际，确保学生通过坚持不懈的努力可以完成。但要区别对待基础好和基础差的学生。任务全面是指要包括提高学生身体素质的任务、提高学生技战术能力的任务、提高学生思想道德水平的任务等。任务具体也就是要明确，不能抽象有歧义，不能造成误解，要使人一目了然。

只有做到任务的正确、全面、具体，才能更好地安排组织教法与运动负荷。

（五）安排课的基本结构

乒乓球课的基本结构由准备部分、基本部分和结束部分三个部分组成。准备部分主要做热身练习，基本部分实施主要教学内容，结束部分做整理和总结工作。

第六节 高校乒乓球教学环境的优化

一、高校乒乓球教学环境的现状

（一）乒乓球教学物质环境现状

乒乓球在高校不像篮球那样普及，所以受重视程度相对较弱，高校乒乓球场地器材明显不足，难以满足教学需求，制约了乒乓球教学的顺利开展和教学目标的实现。

（二）乒乓球教学心理环境现状

乒乓球教学心理环境指的是学校的校风、教学氛围以及各方面的人际关系等，教学心理环境对教学效果的影响不亚于教学物质条件的影响。当前，我国一些高校因为教学传统的影响和社会不良风气的侵蚀，导致校风不佳，而且高校不重视精神文明建设，所以学生很容易受不良风气的影响。此外，传统乒乓球教学模式因为缺少改革与创新，导致课堂教学氛围较差。一些学生因为自身性格的原因，不愿意在乒乓球课上主动与学生和教师交流，人际关系不和谐，这些都对学生的身心健康造成了严重影响，也制约了乒乓球教学工作的开展。

二、高校乒乓球教学环境的优化创设

（一）乒乓球教学物质环境的优化

第一，国家和地方政府要提高对高校体育教育的重视，从财政与政策上支持高校体育的发展，解决高校体育教学中经费短缺、硬件条件差的问题。

第二,高校作为体育教育的主阵地,要对上级部门下拨的体育经费予以合理分配与使用,根据实际情况在高校乒乓球教学中投入一定数额的经费,改善高校乒乓球物质环境,修建专业场地,购置专门器材,并加强对硬件设施的维修与管理,提高利用率和使用寿命,满足学生的基本需求。另外,除了向上级部门争取教育经费外,高校还可以利用自身的教育资源优势来解决体育教育的经费问题,面向社会多渠道筹集经费,如向社会企事业单位提供体育服务或体育场馆,获取一定的报酬等。

第三,作为乒乓球运动场地与器材的使用主体,乒乓球教师与学生要自觉维护场地器材,科学使用,不得破坏与浪费。教师尽可能从现有乒乓球硬件条件入手安排教学,发挥现有硬件条件的作用,避免造成资源浪费。

(二)乒乓球教学心理环境的优化

优化乒乓球教学心理环境要从以下几方面入手。

第一,高校重视建设与完善体育教学制度,促进大学生思想意识的提升,为和谐人际关系的形成提供良好的环境,巩固师生关系。和谐关系的形成对大学生来说可以提高参与乒乓球课堂教学的兴趣与积极性,新型师生关系的建立还有助于促进乒乓球课堂氛围的改善,使师生在轻松愉快的氛围中共同享受乒乓球运动带来的喜悦。

第二,高校要特别关注与重视内部环境建设,促进内部环境建设与外部环境建设的相互补充、相辅相成,利用外部优势环境资源落实学校精神文明建设,形成鼓舞学生的良好校风。

第三,高校是最接近社会环境的教育单位,很容易受到社会风气的影响,所以要自觉利用良好的社会风气来推动内部环境建设,发挥社会因素在高校乒乓球教学心理环境建设中的积极作用,同时也要自觉抵制不良社会风气的侵蚀,主动屏蔽不良社会信息,防止乒乓球教学心理环境受到不良因素的污染。

第三章 高校乒乓球课程建设与教学改革

随着乒乓球课程建设的不断加快和教学活动的不断开展,随之而来的问题也越来越明显,如教学目标维度单一、教学内容枯燥、教学方法和模式陈旧、教学评价不全面等,这些问题严重制约了高校乒乓球的发展,亟须尽快处理。本章主要对高校乒乓球课程建设与教学改革展开研究。

第一节 高校乒乓球课程教学现状

一、高校体育教育专业乒乓球专修课教学现状

（一）教学目标现状

乒乓球专修课程是体育教育专业课程中重要的组成部分之一,其培养目标的制定要符合体育教育专业培养目标的要求。社会对体育教育专业人才的需求取向表明,社会需要的首先是"以教学为主导的多能一专型体育教师",说明体育教师的本职任务仍是教学。虽然社会对教师的其他能力有了较高要求,但是要在教学能力的基础上发展多种能力。因此,作为体育教育专业的学生,其本位工作仍是体育教学。随着学校体育的多元化发展,对体育教师综合能力的要求也越来越高,培养"多能一专型人才"是高校体育教育专业的主要目标。

当前,随着高校体育教育专业发展的不断成熟,乒乓球专修班学生的训练、教学、组织管理等能力得到了一定程度的发展,但教学能力仍然有待进一步提高。高校体育教育专业乒乓球专修课教师越来越重视培养学生的综合能力,但有时过分强调综合能力,反而在教学能力的培养上显得投入不够。体育教育专业的核心任务是培养基础教育所需要的体育教师,这是毋庸置疑的,专业课教师必须认清这一点,突出对体育教育专业乒乓球专修学生教学能力的培养,以此为中心,然后培养其他能力。

（二）教学内容现状

高校体育教育专业乒乓球专修课程教学内容是完成乒乓球专修课程教学目标的重要途径。下面从理论部分和实践部分两个方面分析乒乓球专修课程教学内容。

高校体育教育专业乒乓球专修课程理论教学内容以乒乓球基本理论知识、教学知识、训练知识等为主,这部分是乒乓球专修课程教学内容的重要组成部分。但关于乒乓球竞赛组织编排、乒乓球健身知识、乒乓球游戏编排以及乒乓球科学研究的教学内容较少,但这些本应该是体育教育专业培养目标中的重要内容,部分内容也是中小学体育教学中非常实用的知识。

高校体育教育专业乒乓球专修课程实践教学内容主要是乒乓球技战术、乒乓球体能训练,技战术占的比例最大。关于技战术训练的内容涉及面较广,有利于学生学习更多的技术技能,但哪些内容是应该着重学习和掌握的,却没有明确说明。教学方案中要求学生较熟练掌握单个技术、结合技术、基本战术和体能训练方法等。从掌握基本技战术这一角度来讲,专业运动员都需经过几年的系统学习和训练才能熟练掌握,所以对体育教育专业乒乓球专修班大部分学生来讲是很难高质量实现的目标。此外,体育教育专业乒乓球专修实践课教学内容不能体现出体育教育专业的特点,围绕培养学生综合素质和能力的内容较少,尤其是在教学和健康教育的能力方面,教学内容尚不能满足学生的需求。

总的来说,体育教育专业乒乓球专修课程理论和实践教学内容缺乏重点、缺少特色,而且体育教育专业不同于运动训练专业,教学内容与运动训练专业教学内容应在强度、难度上稍有差异,但现实是二者基本没有明显区别。乒乓球运动具有技术复杂、细腻、内容繁多等特点,学生不可能在有限的教学时间内掌握如此多的技术,如何选择具有体育教育专业特点、突出体育教育专业特色的乒乓球专修教学内容是急需解决的问题。

（三）课程学时现状

一些体育院校体育教育专业乒乓球专修课程学时相对较少,而且大部分是实践课,这直接影响乒乓球专修班学生对乒乓球理论知识、体育教育知识的学习和掌握,影响学生乒乓球综合素养的提升。

从理论部分和实践部分的内容来看,两部分的内容大都集中在技战术教学和训练上,关于培养学生实践能力的内容较少,未引起重视。体育教育专业的主要任务是培养体育教师,教学能力、课余训练能力、组织管理能力是体育教师的必备能力,尤其以教学能力最为重要,但乒乓球专修课程培养方案中涉及这些能力培养的教学内容所占教学时数偏少。

（四）教学评价现状

目前,高校体育教育专业乒乓球专修实践课考评仍以技战术的掌握和运用情况为基准,加上身体素质达标情况、技评情况、比赛积分来核算成绩。缺少对其他方面的考核,特别是对学生教学能力的考评不足,也忽略了对学生社会体育指导能力的考评。虽然理论考核有了改进,但"考前死记硬背,考后不知所云"的现象依旧存在,导致对学生科研能力、自学能力和创新能力的培养流于形式。

二、高校乒乓球普修课教学现状

现阶段我国高校乒乓球普修课教学中存在一些具有普遍性的问题,下面分析几个主要问题。

（一）教学理念有待更新

高校乒乓球普修课教学中存在各方面的关系，如教与学的关系、普及与提高的关系、个体个性化教学与集体普及性教学的关系、教学与训练的关系、健康目标与技能目标的关系等等。面对各种各样的关系，如何处理，处理是否妥当，直接影响高校乒乓球教学效果与教学的持续发展。目前而言，在我国高校乒乓球教学中这些关系并未得到妥善的处理。例如，高校乒乓球教师在乒乓球教学与训练中忽视了健康目标，忽视了培养大学生的终身体育意识与习惯，而一味注重培养与提升乒乓球技能。

多元化教育是现代高校体育教育的发展趋势，虽然部分体育教师意识到了树立多元化教育理念的重要性，但是因为其探索与创新意识较为薄弱，理论素养较差，因此教学理念一直没有更新，甚至连起码的教学方法与模式创新都做不到，导致高校乒乓球教学未能真正将"健康第一""终身体育""素质教育"的教育理念落到实处。

（二）教学设施有待完善

乒乓球硬件设施条件不能满足乒乓球教学需要、乒乓球训练和比赛需要以及广大乒乓球爱好者的需要，这是高校乒乓球运动发展中普遍存在的问题。虽然这个问题已经引起了学校领导的重视，学校也投入了资源来解决这个问题，但是整体情况依旧不乐观，具体表现在以下两个方面。

第一，乒乓球场地设施有限，乒乓球运动场地、乒乓球桌、乒乓球拍的数量和上乒乓球课学生的数量比例严重失衡，学生上课的基本需求都得不到满足，有些学生甚至一节课都不能上桌打球。

第二，因为缺乏管理或管理不善的原因，高校乒乓球场地设施与器材陈旧、老化，严重磨损，使用寿命大大减少，甚至还存在安全问题，导致学生在乒乓球课上出现意外损伤。

（三）教学内容不切实际

乒乓球教学活动并不是只要学生对这项运动和这门课感兴趣就可以顺利开展了，在学生喜欢乒乓球运动，对乒乓球感兴趣的基础上还要看教学内容是否符合实际、是否能满足学生需求，如果不符合、不能满足，那么乒乓球教学活动依旧无法顺利开展。

大学生来自全国各地甚至国外，他们的实际情况有很大的差异，具体表现在健康水平、家庭背景、运动基础、体育认知等各方各面，这些差异明显的因素决定了不同学生的乒乓球基础和技术水平也是有差异的。而乒乓球教学内容又是统一的，不管面向什么大学生授课，都是重复同样的内容，这就会造成这样一种尴尬的结果，基础好的学生需求得不到满足，也就是"吃不饱"，而基础差的学生跟不上教学进度，也就是"吃不下"，所以不管对什么基础水平的学生来说，都不利于其进步与发展。

此外，在传统教育理念的影响下，高校乒乓球普修课教学内容始终如一，或者换汤不换药。教师按部就班授课，学生被动听课，被灌输单调重复又老套的知识，没有体现出教学的差异性、层次性和针对性。这样的教学内容安排或许可以使学生应付考试，甚至取得不错的考试成绩，这样看起来乒乓球运动教学效果显著，但实际意义却不大，对广大高校学生的全面发展、共同进步没有起到实质性的促进作用。

（四）教师专业素质较差

高校乒乓球教学水平、教学质量、教学效果在很大程度上是由乒乓球教学活动的实施者也就是乒乓球授课教师所决定的。现代教育理念能否真正落实，丰富多彩的教学内容能否有效实施，多元新颖的教学方法能否充分发挥作用，都与教学实施者本身的教学能力有关。总之，高校乒乓球教师队伍是推动高校乒乓球运动发展的关键力量，因此要特别关注与重视这支队伍的专业教学素养。

目前来看，高校部分乒乓球普修课教师的专业素质和教学能力有待提高，一些乒乓球授课教师非专业出身，而是作为一名普通的体育教师什么体育课都教，他们的学历水平、教学经验都比较欠缺，自己都没能系统、全面、深入地研究乒乓球运动的文化知识与技战术，不熟悉乒乓球教学体系,何谈培养大学生的乒乓球文化知识与技能素养了。教师不专业严重影响学生的学习兴趣与激情,缺乏专业素养的教师难以在学生中树立权威,难以赢得学生的信任与敬仰,也很难获得学生的配合,最终导致乒乓球教学效果差。

(五)教学评价不合理

乒乓球教学评价是乒乓球教学体系中非常重要的组成部分,在整个乒乓球教学系统的运行中是非常关键的一个环节。乒乓球教学评价在各大高校一直都很受重视,但是高校乒乓球普修课教学评价普遍以终结性评价为主,也就是重视学生在最后乒乓球考核中的成绩,而不注重过程性评价,忽视了学生在日常乒乓球教学中的学习态度与表现以及课后参与乒乓球运动的情况。

过分强调乒乓球考试结果而忽视乒乓球学习过程的乒乓球教学评价终究是不科学的,是片面的,是不切实际的,是应试教育的表现。这种评价不足以让学生发现自己在学习中存在的问题,不能指导学生有针对性地解决自己的问题,弥补自己的缺陷,而且单纯靠分数来评价学生的优劣会对学生的自尊心和自信心造成打击,最终可能导致大学生对乒乓球学习失去信心,对乒乓球运动失去兴趣,一旦学习主体失去了学习兴趣,学习积极性严重下降,那么就难以取得令人满意的教学效果了。

第二节　高校乒乓球课程优化与教学改革的理论基础

高校乒乓球课程优化与教学改革是一项系统复杂的工程,具体工作需要科学理论的支持才能顺利开展,在多学科理论的支持和引导下,乒乓球课程优化与教学改革有理可循,有科学可靠的理论依据,能够提高教学改革的科学化水平和课程优化效果。本节主要对高校乒乓球课程优化与教学改革的学科理论基础进行研究,重点从体育教育学理论、体育管理学理论两方面展开。

一、体育教育学理论基础

（一）体育教育的概念

体育教育是以身体练习为基本手段，以增强体质，促进身心全面发展为目的，促使人们掌握身体锻炼的知识与技能的一种有意识、有目的的教育活动。

（二）体育教育的本质

体育教育由"体育"与"教育"构成，这两个组成部分的内涵决定了体育教育的本质。体育的特有属性反映在体育的内涵中，教育的特有属性则反映在教育的内涵中，事物的本质主要从其特有属性中表现与反映出来。由此可见，体育的内涵与教育的内涵相互融合而形成了体育教育的本质。

从性质上来看，体育是人类社会上以身体教育为主的一种特殊社会文化活动，其以身体练习为基本内容和手段，促进人体质增强、身体协调发展以及各方面全面发展。人的全面发展最终能够促进社会的发展，因此可以说体育是为推动社会发展而服务的。教育是以培养人为中心的活动，教育和其他事物现象最本质的区别就在于培养人。结合体育和教育的本质可知体育教育是教育人和培养人的过程，它以身体活动为主要内容、手段及载体来培养人、教育人，促进人全面发展。在体育教育过程中，教育对象通过科学的身体活动能够增强体质，健全心理，掌握知识，提高运动能力，磨炼意志，塑造精神，提高道德品质，陶冶情操，最终实现全面、协调发展的目的。

另外，社会政治、经济、文化等环境在不同程度上影响体育教育，具体影响体育教育的目的、规模等，体育教育在某种意义上是为社会政治、经济、文化的发展即社会的整体发展而服务的。不同社会发展时期的体育教育主要通过培养适应当时社会发展需要的全面发展的人才来推动社会发展的。

（三）体育教育的载体——体育课程

体育教育是我国社会主义建设中非常重要的一项事业，发展体育教育能够满足社会各方面、各层次的人对体育的多种需要。体育课程是体育教育的一个重要载体。体育课程是学校课程体系的重要组成部分之一，是在校学生以身体练习为主要手段，通过合理的体育教育和科学的体育锻炼，达到增强体质、增进健康和提高体育素养为主要目标的必修课程。

体育课程是一门以多学科为基础的综合性课程，与多个学科的关系都很密切。加强体育课程建设，落实体育课程教学，能够使体育教育的功能与价值得到更好的发挥，促进体育教育多元育人功能的实现。

随着现代教育理念和体育教育理念的兴起，如终身体育（教育）、快乐体育（教育）、成功体育（教育）等，体育课程逐渐形成了多元化的结构，在原有基础上增添了新的内容，如各种选修课等，同时还将课外体育纳入体育课程结构体系中，作为体育课程的拓展和延伸性内容，课内形式多样的体育课和丰富多彩的课外体育活动构成了体育课程结构体系，如图3-1所示。

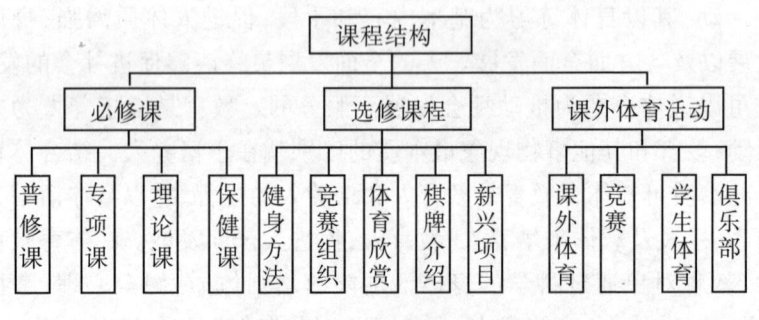

图 3-1　体育课程结构 ①

乒乓球课程是体育课程的具体内容，高校乒乓球课程结构同样也可以划分为乒乓球必修课、乒乓球选修课和课外乒乓球活动等几个部分。在乒乓球课程建设中，要依据有关政策有针对性地建设不同类型的乒乓球课程，并根据实际情况不断优化与改革。一般来说，往往在体育院校

① 程辉.体育新课程背景下学校体育理论研究 [M].北京:科学出版社,2016.

或普通高校体育院系设置乒乓球必修课,在普通高校其他院系设置乒乓球公共课程或选修课程,课外乒乓球活动在各类高校和各个院系中都应有所开展。

（四）体育教育与素质教育的关系

1.素质教育为体育教育的发展指明了方向

为提高个人的综合素质和整体社会素质,我国提出了素质教育理念,实施素质教育有助于实现人从"自然人"向"社会人"的转变。素质教育顺应了教育从社会本位转变为人本位这一转变的需要,与现代教育改革和发展态势一致。素质教育的提出进一步明确了当代体育教育的地位、目的和意义,为体育教育的发展提供了正确的指导思想和方向指引,促进了"健康第一"教育思想在体育教育中的贯彻落实,同时要求在体育教育中传承体育文化,培养学生传承文化的责任感。素质教育要求结合学生实际开展体育,注重体育教育内容的实用性,通过体育教育要能够使学生获得对其长期发展和进步有利的知识和能力,要重视体育教育的长期效应。

此外,素质教育的全面推行使我们对体育教育的当代社会地位与社会价值更加明晰,同时保障了学生学习体育知识、参与体育锻炼的权利,这与全面教育方针政策的相关要求高度一致,对加快体育教育改革和推动体育教育健康持续发展具有重要意义。

2.实施体育教育有利于实现素质教育的目标

个体在先天遗传和后天环境因素的共同作用和影响下而形成的身心特征及其他特质就是所谓的素质。一个人的综合素质是由身体素质、心理素质、道德素质、文化素质、审美素质等多元素质共同构成的。通过素质教育要达到全面提高学生这些素质的目的,促进学生各方面素质协调发展和整体素质的综合提升,即实现全面发展的目的。而实施体育教育则有助于实现素质教育的这一目标。

体育教育在增强学生体质、改善学生心理素质、培养学生道德品质、塑造学生审美与文化素质、健全学生知识结构体系、推动学生社会化发展等方面发挥着独特的价值与重要的作用,体育教育在促进学生全面发展方面的功能作用是其他学科教育所无法比拟的,因此应将体育教育作为实施素质教育的重要突破口,重视体育教育,为社会培养全面发展的现代化人才。

乒乓球是体育教育的重要内容之一,乒乓球具有体育教育的普遍功能,如增强体质,促进全面健康,促进全方位协调发展等。在乒乓球课程优化与教学改革中,要充分体现乒乓球的专项特色和独特价值,使乒乓球的多元功能价值在课程实施中得以充分发挥,为素质教育的深入改革及目标实现做出贡献。

二、体育管理学理论基础

(一)体育管理技术

在体育管理中采用科学而适宜的管理技术有助于提高管理效率和管理质量,尽快实现管理目标,促进体育发展。下面主要分析现代体育管理中常用的几种管理技术。

1.授权技术

体育管理组织开展各项管理工作主要是为了实现体育管理系统的目标。为了达到这一目标,体育管理组织机构内部对不同职能部门进行了设置,并明确各职能部门的职责和工作任务,同时要求不同职能部门之间要做好协调配合,为了共同的目标而努力。体育管理组织内各职能部门都被赋予了一定的权力,各部门通过行使权力而完成自己的本职工作。

随着我国体育事业的不断发展,体育行政领导每天都要做很多的工作,负担越来越重,压力越来越大。管理者即使再专业、再优秀,也不可能有"超能力",无法独揽所有工作。合格的领导者不仅自己能办事,而且还能给他人授权,让他人办事,提高办事效率。领导者授权相当于运用分身术来完成体育管理工作,如果管理者大包大揽,事必躬亲,则很难提高系统的整体运作效率,也会影响管理组织的活力。

2.动态管理技术

在信息时代和现代社会背景下,体育管理系统受到内外诸多因素的影响,系统内的组成要素是动态变化的,系统外的环境也处于不断变化发展中,因此我们不能采用一成不变的方法去进行体育管理,而应遵循客观事物的发展变化规律,根据体育发展的实际情况而进行动态管理,突出管理的即时性和有效性。

运用动态管理技术进行体育管理,要做好以下工作。

（1）局部动态管理

按照体育管理系统的整体运作方案进行局部管理,根据局部情况而采取适宜的管理方式,提高局部管理的效果,进而实现全局管理的目的。

（2）整体动态调节

从整体上调节体育管理系统,整体优化管理系统,创造良好的管理环境,提高管理水平。通过整体动态管理推动体育事业的发展。

3.目标管理技术

以组织目标为导向,要求组织中的每个部门为了实现这一目标,制定出各部门乃至个人的分目标以及实现目标的制度、措施和有效方法,并将目标分为若干个阶段或期限,设立阶段性任务,进行阶段性成果考核。

在体育管理中应用目标管理技术要注意以下几点。

（1）依据目标进行决策

决策必须依赖目标,目标是决策的依据,离开目标无法进行科学决策。确定了目标才能设计出更恰当的方案。在体育管理中必须弄清目标与达到目标的方案之间的关系。确立正确的目标比选择方案更重要。

（2）把握好实现目标过程中的控制问题

体育管理者在实现目标的过程中,要设立若干检查和控制环节,以便及时发现问题并纠正,以保证目标管理始终在正确轨道上运行。例如,在体育场馆建设中,可实施设立场馆模型、实施单位,综合检查和控制材料质量、工程质量等环节。

（3）注重成果评价

评价类型包括本部门自我评估、主管部门评估。评价方式包括按指标评估、对事评价等。经过成果评价肯定和奖励成效显著的部门；反之，给予一定的惩罚，要以鼓励为主。

（二）学校体育管理

学校体育管理是一项较为复杂的系统工程，包含多个目标、多元结构和多个系列。学校体育管理的内容大概包括学校体育专业管理和学校体育保障体系管理两大类别，各类中又包含若干具体的管理内容。学校体育管理的内容体系如图3-2所示。

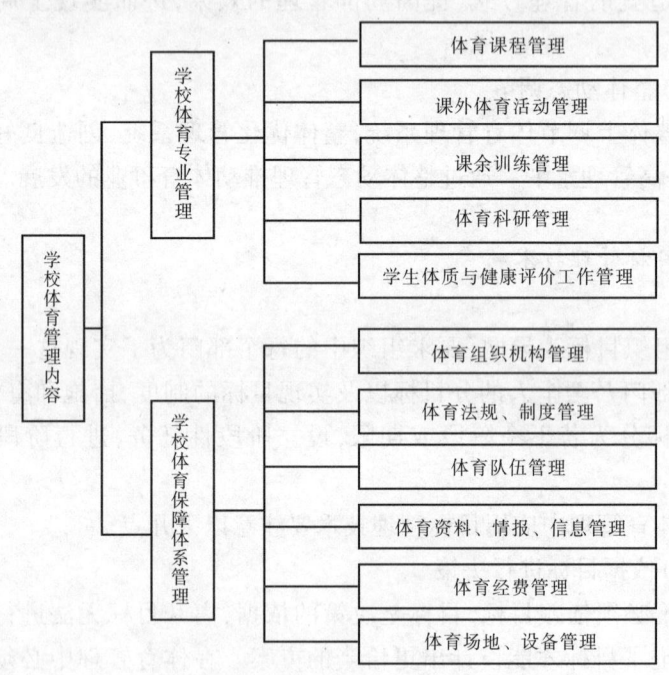

图3-2　学校体育管理内容体系[1]

学校体育管理内容较多，限于篇幅，下面只分析学校体育专业管理中的体育课程管理和课外体育活动管理，从而提高体育课程建设质量及

[1]　肖林鹏.现代体育管理[M].北京：北京体育大学出版社，2009.

课外体育活动的开展水平。

1. 体育课程管理

在学校体育改革与管理中,体育课程管理既是重点,也是难点,它是一项包含诸多因素的系统工程。从系统理论出发,一般认为学校体育课程管理系统包括三个分支,分别是教师教学管理、学生学习管理和课程支撑管理,每个分支下又包含具体的管理内容和要素,完整的体育课程管理系统如图 3-3 所示。

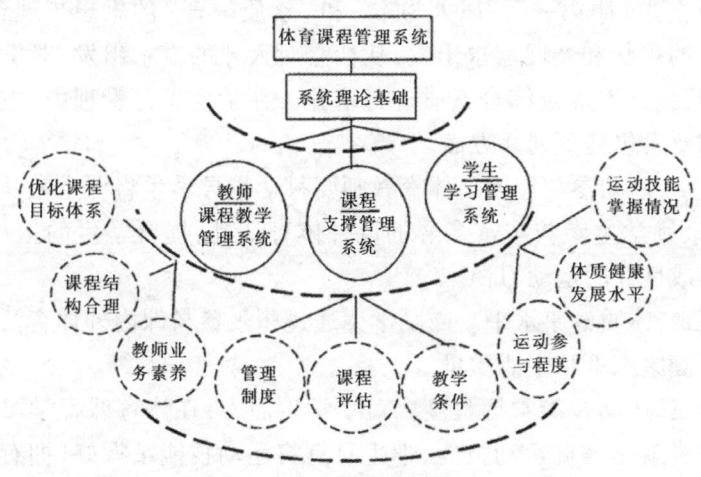

图 3-3　体育课程管理系统 [①]

下面具体分析体育课程管理系统中的三大子系统和具体管理事宜。

（1）教师教学管理系统

在体育课程管理系统中,教师教学管理系统居于核心地位,直接影响其他两个子系统。教师教学管理中主要涉及以下三个方面的管理事宜。

第一,对体育课程目标体系的优化,对体育课程目标的层次、难度及要求要有正确的把握。

第二,将体育课程结构合理化。体育教学模块和体育教学内容的组合与搭配就是所谓的体育课程结构。合理化的体育课程结构不仅包括

① 　顾圣益.现代体育管理学——理论与应用[M].大连:大连理工大学出版社,
2004.

体育课堂教学结构的合理化,还包括课外体育活动中众多模块与体育课程教学内容搭配的合理化,如体育教学内容与课余训练模块、身体素质锻炼模块、运动竞赛模块等的合理搭配。

第三,提升教师业务素养,侧重于丰富体育教师的理论知识,优化知识结构,提升体育教师的教学技能和创新教学能力。

在体育教师教学水平与教学质量的评价中,可以将以上要素作为主要评价指标。

（2）学生学习管理系统

在学校体育课程管理系统中,学生学习管理是根本。在学校体育教育中树立"健康第一""以人为本"和"素质教育"的思想与理念,一切从学生的现状和发展需求出发,从社会对人才的需求出发,对学生的知识素养、技能素养及综合素质进行培养。在学生学习管理中,主要管理内容和要素包括下列几方面。

第一,运动参与程度。体育教师要科学指导学生将课堂教学内容掌握好,鼓励学生参与丰富多彩的课外体育活动,提升学生的运动兴趣,使其形成良好的运动习惯。

第二,体质健康水平。鼓励学生通过积极参与课内外体育活动来提升体质健康水平和生活质量。

第三,运动技能掌握程度。对于学生而言,在体育课程学习中最主要的任务就是掌握运动技能,学生只有将运动技能掌握好,拥有一定的运动能力,才能采取运动手段来增强自己的体质。需要注意的是,学生掌握运动技能并不是完成的指标越高越好、掌握的技能越多越好,而是要掌握适合自己的、对自己健康有利的运动技能,如果一味追求高难度、高指标则容易发生运动损伤,危害学生的健康,并挫伤学生的运动积极性。

（3）课程支撑管理系统

在体育课程管理系统中,课程支撑管理居于基础地位,具有保障功效,对提高体育课程实施成效具有重要意义。体育课程支撑管理系统具体包括下列内容。

第一,优化管理机制。建立合理的学校体育管理组织机构,制定机构的运行机制和学校的体育课程管理制度。

第二,优化教学条件。对学校的体育教学资源进行优化,尽可能满足课内外体育活动开展的需要,满足学生参与校园体育活动的需求,提升学生的运动兴趣、参与积极性和参与效果。

第三,做好课程评估。定期检查体育课程目标任务的完成情况,从学校评估、教师评估、学生评估三个层次着手,将自评、互评和他评,定性评价和定量评价等多种评价方式有机结合起来。

学校体育课程管理系统的三大分支相互关联、相互促进,充分反映了体育课程管理的系统性和整体性。学校在建设体育课程方面的投入程度如何,可以从上述三方面着手制定标准来进行评估。在高校乒乓球课程优化与教学管理改革中,可以参考以上三大分支实施管理,将课程管理、教师教学管理和学生学习管理有机结合起来。

2.学校课外体育活动管理

在学校体育管理中,课外体育活动管理是非常重要的组成部分。课外体育活动的开展是促进学生体质增强和健康水平提高的重要路径。加强这方面的管理,有助于促进学生体育知识的丰富和知识体系的完善,促进学生体育兴趣的强化,培养学生良好的运动习惯,提升学生的自主锻炼能力和自我保健能力。

在学校课外体育管理中,要建立符合学校体育目标的组织管理体系,该组织体系一般由主管校长来领导,下设具体的职能部门,职能部门下面又包括具体的年级组织管理和班级组织管理,逐层开展课外体育管理工作。在学校课外体育活动的组织管理体系中,既有纵向层次之间的联系,也有横向各部门之间、各年级之间以及各班级之间的相互协调。把握好纵向与横向关系,有序开展管理工作,落实管理方针政策,将有利于促进学校课外体育活动的顺利开展,提升开展效率和水平。

上述关于学校课外体育活动管理的分析能够为高校乒乓球课外活动管理提供参考和借鉴。乒乓球课外活动是乒乓球课堂教学的拓展与延伸,积极开展丰富多彩的乒乓球课外活动,并实施有效管理,能够弥补乒乓球课堂教学的不足,提高大学生的乒乓球运动水平和健康水平。

第三节　高校乒乓球课程优化与教学改革的建议

一、高校体育教育专业乒乓球专修课程优化与教学改革建议

（一）明确培养目标

体育教育专业乒乓球专修班的学生经过乒乓球专修课程的学习，将要成为什么样的人，这是乒乓球专修课教师要深思的问题。明确乒乓球专修课程的培养目标，突出体育教育专业的特点，增加学生能力培养方面的教学内容很关键。要改革体育教育专业乒乓球专修课程的培养目标，就要结合社会、学生以及中小学学校体育教学的实际需求，打破传统的以培养学生技战术能力为主的目标体系，构建以培养教学能力为中心的综合能力培养体系，从而培养出能够适应未来工作需要的乒乓球人才。

（二）精选教学内容

在体育教育专业乒乓球专修课教学内容的选取方面，不仅要明确体育教学的指导思想，还要体现体育教育专业人才培养的规格要求（培养中小学体育师资），并按照乒乓球专修课程培养目标来选择内容，保证教学内容具有较突出的教育价值、发展价值和实用价值，并能体现出学科内和学科间的交叉、渗透。体育教育专业乒乓球专修教学内容结构如图3-4所示。

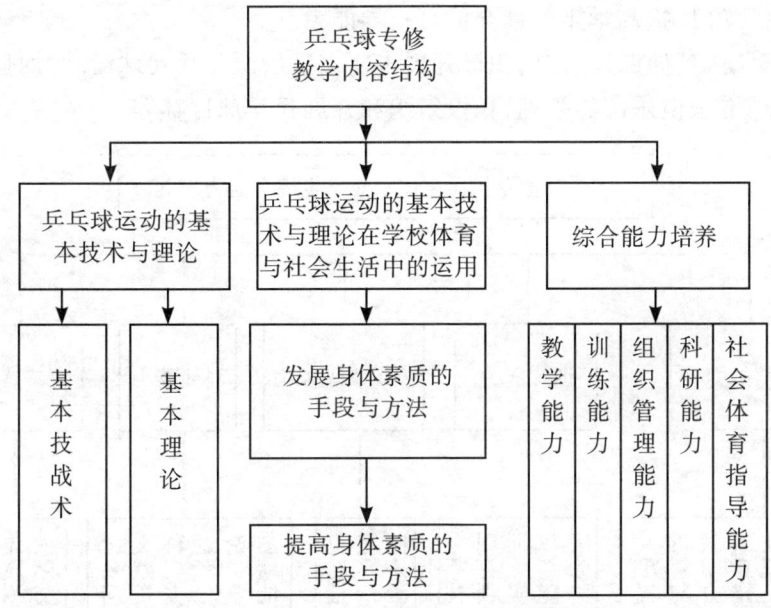

图 3-4　乒乓球专修教学内容结构示意图[①]

在体育教育专业乒乓球专修课教学内容的选择与实施中,要注意所选内容应有助于培养学生的综合能力,包括教学能力、训练能力、组织管理能力、科研能力以及社会体育指导能力(图 3-5)。这就要求突出教学内容的实用性、示范性和教育性,选取丰富的教学内容以培养与提升学生的综合能力。

(三)修订教学时数

第一,合理安排各项内容所用的学时比例,适当减少关于体能与技战术的理论和实践内容的学时,适当增加关于组织教学训练技能部分的学时。

第二,增加能够突出体育教育专业特点的乒乓球教学内容的学时,如增加乒乓球教学理论内容的学时,提高学生的乒乓球教学能力;增加乒乓球专项科研课程的学时,提高学生的科研能力;增设乒乓球游戏创编内容的学时,培养学生的组织和创新能力;增设乒乓球健身知识教学

---

① 王鹏.能力培养视角下体育教育专业乒乓球专修课程优化研究 [D].成都体育学院,2020.

内容的学时,提高学生的社会体育指导能力。

第三,延伸课外学时,积极开展丰富多样的课外乒乓球活动,加强对乒乓球专项俱乐部的管理,积极组织和开展乒乓球比赛等。

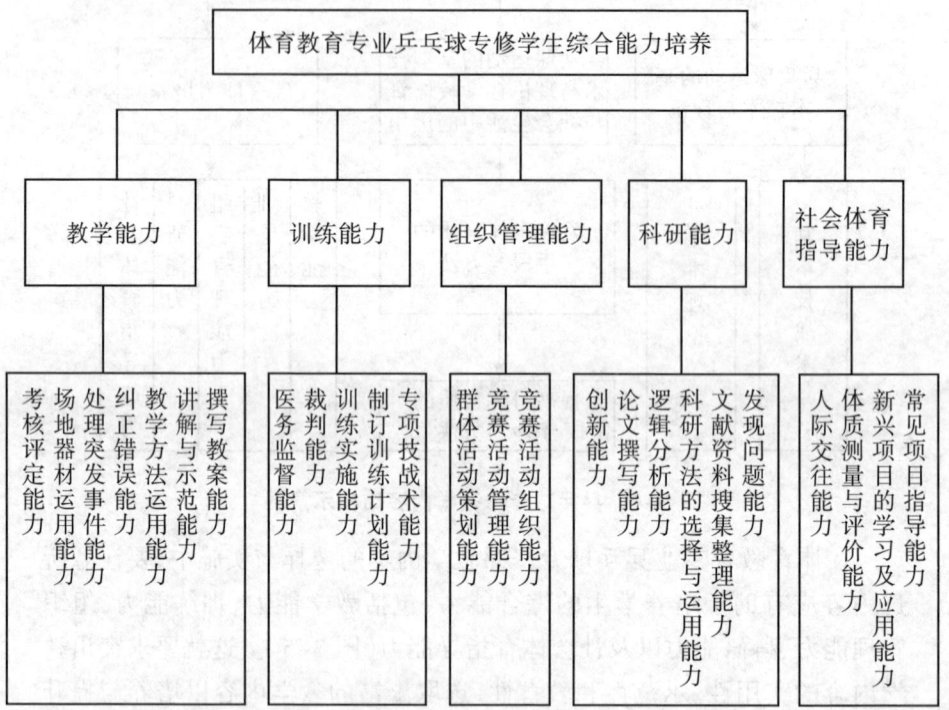

图3-5　体育教育专业乒乓球专修学生综合能力培养

(四)优化教学评价

1.理论考核评价的优化

将理论考核融于技战术、实战、技能中,积极探索多样化的考核方式,制定理论考核的具体评价标准。也可以让学生自己选择考核方式,如制订训练计划、随堂实习总结、比赛心得感悟、教学建议等。内容方面可适当增加中学乒乓球教学案例分析、社会体育指导问题解答、乒乓球游戏编排等,使考核更加全面化。

2.技战术考核评价的优化

可增加对身体素质、打法类型特点、技术特点、战术组合特点等的测试与考核,积极发挥学生的个性特点和创新能力。

3.技能考核评价的优化

重点加强对学生教学能力的考核,重视训练能力和组织管理能力的考核,适当增加对科研能力和社会体育指导能力的考核。制定对各项能力考核与评价的具体标准。

4.平时考核评价的优化

适当增加平时考核所占的比例,增加平时成绩部分的内容,如学习与训练态度、课外实习锻炼能力、竞赛组织裁判实践、团体意识、个人提高幅度、比赛名次积分、上课考勤、团体意识等。制定平时考核内容的具体评价标准,减少评价的主观性。

二、高校乒乓球普修课优化与教学改革建议

(一)优化教育理念

高校乒乓球普修课教学要树立以人为本的教育理念,在教学过程中充分体现人文关怀,对大学生的体育学科核心素养进行培养,并促进大学生人文素养的提升,这也是素质教育和全面育人的基本要求。

在高校乒乓球教学中践行人文教育理念,要求以乒乓球课堂为载体,以人文关怀为导向,普及乒乓球文化,传承其所蕴涵的人文精神,使大学生于无形中提升人文素养,实现自由而全面的发展。人文教育理念是一种以润物无声的方式潜移默化地影响大学生的教育理念,在乒乓球普修课教学目标、教学内容、教学过程以及教学评价的设计中都要体现出这种理念,从而提高乒乓球文化教育水平。

（二）改善教学设施

乒乓球场地器材设施条件较差直接影响了高校乒乓球公共课的顺利开展。对此，必须及时解决教学场地和器材问题，优化教学物质环境。具体而言，高校应加大资金投入力度，及时维修乒乓球场地，更换陈旧器材，定期检查场地设施的安全性。为避免户外环境对乒乓球实践课的影响，可根据学校条件增建乒乓球场馆，增设乒乓球球台，尽可能营造良好的教学环境，满足教学需要。

（三）增强师资力量

第一，引进学历高、运动等级高的乒乓球教师人才，优化乒乓球师资队伍的结构，整体提升队伍水平。

第二，加强对在职乒乓球教师的职业培训，促进乒乓球授课教师教学能力、科研能力的提升。

第三，鼓励乒乓球教师不断学习新知识、树立新理念、掌握新方法，提高自己的乒乓球知识素养和实践教学能力，并自觉参加培训，提高科研能力，将科研成果运用于教学实践中。

（四）明晰教学内容

高校乒乓球普修课教学内容的改革与优化要从教学内容构建起点出发，打破传统"惯性"思维，从教学整体出发，按照单元式教学原则筛选每节课的完整教学内容，并从学生的不同技术水平出发将学生分成基础组、提高组、巩固组，针对各组学生的实际情况设计不同的教学目标、教学任务，设置不同的教学内容，采用不同的教学方法。不同组的教学内容要有所联系，相互衔接，以便为学生在提高乒乓球技能水平后进入新的组别奠定基础。乒乓球教学内容的设置应该是动态的，随着学生学习水平的提升而不断丰富教学内容，由易到难，由简到繁，循序渐进地设置和拓展。

（五）改革教学评价方式

乒乓球教学考核与评价是检查乒乓球教学质量和学习效果的重要途径，也是反馈教学情况、总结教学经验、提高教学质量的重要措施。在乒乓球普修课考评中要进一步更新和优化考评方式。

比如，在评价主体上，重视学生的主体性，鼓励学生参与评价，学生可以进行自我评价，也可以评价同学，甚至在教师教学效果评价中也可以引进学生评价方式。

在评价方式上，打破传统乒乓球教学中以总结性为主的评价模式，应将总结性评价与过程性评价结合起来，关注学生在学习过程中的表现，看到学生的进步，及时发现学生的问题并指导其改进。

第四节　核心素养视域下高校乒乓球课程发展策略研究

高校大学生与中小学生在生理、心理和学习状态等各方面都存在巨大差异，大部分学生从中小学的被动学习过渡到大学的主动学习，但也有一些大学生还是在被动地学习。核心素养就是要培养学生学会学习，并且使学生在学习中养成适应社会的关键能力和必备品格，这种关键能力和必备品格伴随终身，成为人格和能力的一部分。在核心素养视域下进行高校乒乓球课程教学，同样要培养大学生的关键能力和必备品格。

一、核心素养的内涵

2014 年，教育部印发了《关于全面深化课程改革 落实立德树人根本任务的意见》，明确指出学生应具备适应终身发展和社会发展需要的必备品格和关键能力，并制定了各阶段学生发展的核心素养体系。不同国家队核心素养的具体表达方式各不相同，但都是围绕素质教育培养学生的关键能力和必备品格。因此，核心素养可理解为学生适应社会的关键能力和必备品格。

核心素养是一个多维度的概念,由多种关键素养构成,包含知识、能力、情感、态度及价值观等,它们具有整体性、关联性,如果把它们孤立分开来培养,那么无法使学生具备社会所需要的核心素养,只有把它们结合起来,使之形成合力,才能形成真正的核心素养。

学生核心素养必然是与"学生"这一特殊角色密切相关的概念。首先,从内容角度上讲,学生核心素养是其完成学业、适应未来社会、实现全面发展的关键素养的集合,因此它与公民核心素养不同,只包含与其学生这一身份相关的核心素养,这样才能避免研究的宽泛性,使关于学生核心素养的研究更有针对性和实践意义。其次,从覆盖范围角度看,它不但包含学习领域,而且还包括未来职业领域以及与职业发展相关的生活领域。

二、高校乒乓球专项生的核心素养

(一)乒乓球专项的认知与技能

乒乓球专项的认知与技能是乒乓球专项课程实施的基础,也是乒乓球专项生的必备能力。乒乓球作为我国的国球,所存在的意义极为特殊,不仅仅具有在国际比赛上争金夺银的实力,还具有"小球推动大球"的重要意义。所以在乒乓球专项的认知上,专项生要了解乒乓球的历史,领悟和学习多年来优秀乒乓球运动员延续下来的自强不息的乒乓精神,并树立社会责任感和为国家做贡献的使命。专项生在乒乓球技能的学习上需要不断完善和创新,对我国先进的乒乓球技战术要有细致的了解和充分的掌握,在寻求突破后为社会做出贡献。

(二)乒乓球教育的知识与能力

乒乓球教育的知识与能力是体育教育专业乒乓球专项生的必备素养,乒乓球专项生是乒乓球运动的传播者,是乒乓球运动的教育者,一项运动具有一个好的传播环境,让更多的人接受好的乒乓球教育,才能使得乒乓球运动有好的发展。所以在乒乓球教育知识上,要求乒乓球专项生掌握教育学相关知识,包括教育学、学校体育学和运动训练学理论知识,并且要与乒乓球专项充分结合,使得学生能够理解知识并且运用知识。在乒乓球教育能力的培养上,要为乒乓球专项生提供较多的实践机会,使其在乒乓球教学方法和科学训练上加强实践。

(三)社会适应能力

核心素养教育的最终目标是培养全面发展的人,其中所包含的指标如人文底蕴、责任担当、实践创新等都是个体适应社会、融入社会、服务社会的基础条件。对于乒乓球专项生来说,要在进入社会后尽快融入社会职业,以保证良好的工作和生活,要跟随社会的发展而发展,要具备一定的社会服务意识和社会责任担当,在社会沟通交流以及人际关系处理方面要有良好的方式,对乒乓球的信息要能够有充分的了解和理解,并且要对乒乓球文化的传承与传播做出一定的贡献。总之,社会适应能力也是乒乓球专项生核心素养构建的指标之一。

(四)健康行为和体育品德

核心素养中的健康生活、责任担当等如何落实在乒乓球的专项课当中,这是需要乒乓球专修课教师思考的一个问题。乒乓球课程能够培养人的健康行为习惯和体育品德,当下的立德树人、健康体育等教育理念与核心素养的要求颇为相似,因此在乒乓球专项生的健康行为培养方面,要从健康知识入手,培养学生的体育锻炼习惯,使其学会在体育运动中调节情绪,能够将所学的乒乓球运动知识、技能以及运动经验迁移到其他运动项目当中,培养学生的终身体育意识。在乒乓球专项生的体育品德培养方面,由于乒乓球是小集体运动项目,所以也要注重培养团队意识,以及遵守规则和公平竞赛的意识,使学生树立正确的比赛态度和胜负观,因而将乒乓球专项生的健康行为和体育品德也作为核心素养的构建指标之一。

三、核心素养视域下高校乒乓球课程的发展建议与策略

（一）创新教学理念与教学方式

要在核心素养视域下进行乒乓球课程建设，促进高校乒乓球发展，需要加强对乒乓球教师的培训。乒乓球教师要学习先进的教学理念，纠正传统教学理念中错误或过时的部分，对传统教学理念要取其精粹，去其糟粕，不断融入核心素养理念，培养全面发展的人，注重对学生关键能力和必备品格的培养。教师要不断学习先进的教学技能，掌握科学的教学方式，敢于创新，传授学生体育技能，培养学生的体育情感、体育品格，使学生养成良好的体育习惯，最终将学生培养成全面发展的人。

（二）优化教学评价

在评价学生各项核心素养时，优化评价方法，将多种评价方法有机结合，不要只关注最后的结果，要把形成性评价与总结性评价相结合；结合乒乓球专项学生的核心素养培养目标，优化评价内容，既要关注对学生专项知识与技能的评价，也要注重对学生思想品德与健康生活方式、教育教学知识与技能、职业发展潜力等方面的评价。

（三）贯穿思政教育

在体教融合背景下，应该将对学生核心素养的培养与体教融合有机结合起来，促进高校体育稳步前进；在运用核心素养理念促进学生发展方面，应该把思政课程贯穿乒乓球专项课中，从而更好地完成人才培养目标。

第五节　现代教育技术下高校乒乓球教学改革的思考

一、现代教育技术下高校乒乓球教学方法的改革与创新

在信息化时代,现代信息技术的发展及其在体育教育领域的不断渗透催生了一些新型教学方法,比较具有代表性且运行模式较为成熟的有微格教学法、微课教学法。在高校乒乓球教学中,结合现代信息技术背景,运用具有创新性的信息化教学方法,对提升学生的学习兴趣和自主学习能力具有重要意义。下面具体分析这两种创新型教学方法在高校乒乓球教学中的应用。

（一）微格教学方法

微格教学是一种规模小的微型教学方法,采用信息技术手段来探究与记录知识,强调通过重复训练来掌握知识与技能。微格教学方法的应用价值及重要作用体现在以下几个方面。

第一,采用智能化教学手段提高学习效率。

第二,具有示范性的微格教学适用于技能训练,而且反馈及时,有助于提高技能质量。

第三,促进师生互动,建立新型师生关系。

第四,微格教学具有示范性,利于动作技能训练。

下面分析微格教学在高校乒乓球运动技能教学中的具体应用策略。

1. 运用微格教学指导乒乓球动作技能学练

在一般的乒乓球教学模式中,乒乓球教师采用传统教学方式来传授乒乓球理论知识,指导乒乓球技能练习,在教学与训练中使学生掌握乒乓球技战术,从而达到运动参与领域和运动技能领域的教学目标。而将微格教学运用到乒乓球教学中,采用信息化教学手段来细分教学内容,

直观指导学生训练,并及时发现学生不规范或错误动作,严肃纠正,这个过程中学生学练情况和重要信息的反馈是实时性的,教师结合图像材料分析重要信息,发现并指出学生的问题,然后运用指导性语言帮助学生分析问题的成因,准确指出纠正的方法,以提高学生的动作技能水平。例如,教师用摄像机录制教学内容,引导学生观看录制视频,指明哪些是观察和学习的要点,哪些信息是不相关的,以提高学习效率。

微格教学方法的实施对技术信息资源的利用恰到好处,大大提高了示范教学的效果,提高了教师对学生关于技能教学指导的效果,扩大了教学内容范围,将抽象、复杂的教学内容转换为容易被学生理解和掌握的具体的简单的内容,使学生在迅速领会重要信息后进行实践练习操作,提高了学生的反应能力和学习能力。

乒乓球教师实施微格教学方法,对传统教学形式做了转变,采用现代技术手段对教学内容进行了处理,使乒乓球动作结构更加细致,接近学生的认知水平,可操作性也大幅提升。在借助信息技术手段下所进行的准确无误的示范与学生练习中的错误与问题形成了鲜明的对比,也使学生看到了自己的不足,师生共同解决问题,拓展了学生的认知结构,提高了学生的技术质量。

2. 运用微格教学促进学生乒乓球动作技能的正迁移

学生在学习新动作技能时,之前已掌握的基础知识和动作技能在此时发挥了重要作用,使学生快速掌握了新的动作技能,这便是动作技能的正迁移,如果之前积累的知识与掌握的技能制约了对新技能的学习,那么就是动作技能的负迁移。迁移是学习过程中很普遍的现象,要想让正迁移现象发生在学生学习乒乓球运动技能的过程中,就要求乒乓球教师善于采用恰当的教学方式,合理安排教学顺序,关注不同教学内容之间的内在联系。微格教学正是这样一种能够使学生在动作技能学习中发生正迁移的教学方法。

在乒乓球微格教学中,教师应正确引导学生对微格教案进行设计与编写,指导学生客观评价自己的学习情况,促进学生思维能力的提升,同时要使学生对乒乓球运动不同动作技能间的内在联系形成正确的认识,善于总结各项技能的关系,从而在学习新技能的过程中将已掌握的技能的正迁移作用充分发挥出来,将已有理论知识应用到实践中指导技能学习,从而提高动作技能的学习与训练效果。

3.运用微格教学全面提升教学效果

利用微格教学方法指导乒乓球运动技能训练,有助于实现理论知识向实际操作的转化,实现抽象向具体的转化,促进教与学形成有机整体,推动师生进步与发展,既使教师的引导作用得到强化,也使学生的训练质量得到提升,从而既提高了教的效果,也提升了学的效果,全面提升了乒乓球教学的整体效果。

在乒乓球运动技能教学中运用微格教学法,对教师的教学技能提出了较高的要求,也强调对学生学习主体地位的尊重,教师要让学生认识到学习动作技能及相关理论知识的重要意义,并能在微格教学中自主分解知识,在实践操作中将理论知识(包括抽象和具体的知识)融入其中,实现理论与实践的有机结合,达到预期的教学目标。

4.运用微格教学调动学生学习主动性

将微格教学运用到乒乓球动作技能教学中,要求乒乓球教师对一定的问题情境进行设计,引导学生从不同思维角度思考问题,引起学生对新教学内容与已掌握知识在认知上的冲突与矛盾,使其思考已有认知结构的形成过程和完善方法,将其学习积极性激发出来,以实现教学目标。创设问题情境能够给乒乓球课堂教学带来疑问和悬念,使学生带着好奇心去积极探索问题的答案。学生在动作技能训练中思考问题、分析问题、解决问题的整个过程可借助多媒体教具记录下来。然后引导学生通过观看录像找出自己在练习中有哪些不足的地方,在接下来的练习中有针对性地解决自己的问题,完善自己的动作技能,提高自己的动作质量与训练水平。这样才能使乒乓球运动技能教学更加规范,达到预期的运动技能目标。

(二)微课教学方法

微课是以教学目标和教学要求为依据,以视频为载体对课堂教学中的全部活动(教师的教学活动、学生的学习活动以及师生互动活动)进行记录的教学方法。微课教学法具有教学时间短、教学内容精简、注重师生互动等特征。微课教学方法的应用价值及重要作用体现在以下几个方面。

第一，促进学生学习效率的提升。

第二，改革传统教学模式中落后的因素，提高教学模式的应用价值。

第三，对零碎的教学时间加以整合，提高课堂时间的利用效率。

第四，尊重学生的主体性，提高教学的针对性。

第五，及时帮助学生纠正错误动作，规范动作。

下面具体分析微课教学方法在高校乒乓球教学中的应用策略。

1. 重视微课教学平台的建立

不同高校的教学条件有差异，在教学硬件与教学软件方面都有充分的体现，各高校在建立微课教学平台时，要选择符合本校教学条件的多媒体手段，微课教学既要体现出现代性、有效性，也要讲求经济便捷性。一般来说，在班级大家庭中建立微信群能够很便捷快速地构建微课教学平台，教师将微课教学视频分享到班级群里，学生借助多媒体手段自主学习。在微课教学平台的构建中，要根据实际情况来投入相应的硬件和软件装备，由专业人员负责管理这些教学设施，每次使用前做好调试工作，并加强维护，提高利用率，延长使用寿命。

2. 科学进行乒乓球微课设计

高校乒乓球教师进行乒乓球微课设计一定要科学，乒乓球微课设计的科学性主要体现在完整、系统、规范三个方面。

（1）完整设计

在高校乒乓球微课设计中，要以学生为主体确定方案，制作教学目标明确、内容完整、重点清晰、难点突出、能够充分调动学生学习积极性的微课视频。[①] 微课设计的完整性主要体现在组织结构的完整性、技术内容的完整性两个方面，其中技术完整性教学是分解教学的升华，有的技术适合直接采用完整教学法，有的技术适合先采用分解教学法，但最

---

① 龚涛.微课在高校乒乓球课教学中的运用刍议[J].才智,2020（20）:132-133.

后一定要过渡到完整教学上。

（2）系统设计

设计乒乓球微课，要树立现代化的教学理念，以学生体质健康、终身体育锻炼为目的对教学内容进行系统性梳理，由点到面，由零散到整体，精心进行系统化的微课教学设计。

（3）规范设计

微课乒乓球课程结构精练，内容单一，微课设计看似简单，实则非常专业，在设计过程中，乒乓球教师一定要确保方案中的每个元素如文字、图片、视频、动画等都准确无误，符合教学内容，如果存在失误，哪怕是很小的失误，都会给乒乓球微课教学质量带来不好的影响，因此规范化进行乒乓球微课设计是非常重要的。

3.注重对微课视频教程的拍摄及运用

微课是高校乒乓球教师进行教学的一个现代化方式，除了对微课的直接运用外，教师也可以对自己的教学过程进行拍摄，制作微课教学视频，将自己的教学经验和技巧分享给其他教师，同时主动向其他教师学习经验，借鉴其他优秀教师的教学案例来组织教学，在教学资源与经验的互换中达到更好的教学效果。

教师拍摄自己的教学视频并计划将此作为教学案例分享给其他师生时，要特别重视教学的专业性、规范性与准确性，如用专业术语讲解，示范优美准确，指导学生时认真耐心，让学生将自己的学习成果展示出来，以体现良好的教学效果。如果条件允许，可以邀请专业乒乓球教练员或运动员从专业的视角拍摄视频，以提高拍摄质量。微课视频的分享为高校教学资源最大程度地共享提供了可能。为了使微课视频的应用价值得到进一步提高与充分体现，高校可以举办校际教学研讨会或分享会，优秀乒乓球教师汇聚一堂共同进行专业教学的研讨，以制作出更精彩、专业、高质的乒乓球微课教学视频。

4.在微课教学中把握教学难点

乒乓球运动中有些技术相对复杂一些，对大学生来说学习起来难度较大，而将教学难点作为微课教学的主要内容，可以通过视频回放来使大学生观察高难技术的动作细节,使其逐步掌握复杂技术,提高乒乓球运动水平。在乒乓球微课教学中可以实现对教学难点的准确把握,使学生按照视频内容与提示一遍遍演练,直至达到像视频中呈现出来的动作质量,在学生对照视频演练的同时,乒乓球教师还要继续深化理论讲解,使学生在理解的基础上掌握乒乓球技术,提高练习效果。在微课教学中,还可以组织学生自由讨论,发表关于微课教学的看法,从而为完善微课教学提供思路,使微课教学真正服务于广大学生群体。

5. 在微课教学中增加互动

在乒乓球微课教学中,为了提高学生的思想注意力,使其将注意力全部放到课堂中来,教师要主动与学生互动,调动课堂氛围,将学生的学习积极性和热情也调动起来,使所有学生都真正参与到信息化教学中。在微课教学中增加互动的方式有线上回答学生的问题,回复学生的评论,与学生在线沟通学习技巧,利用互联网平台使学生充分发表自己的观点,陈述自己的问题,耐心帮助学生解决问题,尊重学生的个性,同时引导学生之间的互动,提高学习的趣味,充分贯彻寓教于乐的教学原则。

6. 加强传统教学与微课教学的有机结合,构建一体化教学模式

在信息化技术背景下,微课教学作为现代化教学方式在高校乒乓球教学中得到了有效的运用。但要注意的是,乒乓球教学中要紧紧结合教学实际来展开教学工作,不能脱离实际情况,而且教师要把自己的教授活动与学生的学习活动紧紧联系起来,而不是只给学生呈现视频案例就可以了。另外,在运用现代化教学方式的同时不能忽视对传统教学方式的继续运用,传承下来的传统教学方法一定有其可取之处,所以要取其精华,将其与现代教学方式结合起来使用,实现传统与现代教学方式的有机互补。

乒乓球运动教学对大学生的运动感知能力提出了较高的要求,因此在设计微课并运用这一现代化教学方式时,要加强线上教学与线下教学的有机结合,线上给学生呈现生动精彩的教学视频与真实案例,使学生了解乒乓球理论与技战术,并认真观察细节动作和难度动作。线下学生

要不断练习来达到视频中要求的标准,并将所学理论与技战术运用到实践中,以实现理论的升华与技战术水平的提升。

分层教学、情境教学等是常见的线下教学方式,这些教学方式都适合与微课线上教学方式结合起来运用,这样既能提高学生对微课教学的兴趣,也能提高学生线下练习的积极性。因此,在高校乒乓球教学中,充分发挥线上线下教学方法的优势,构建线上线下相结合的乒乓球教学新模式具有重要意义。

二、现代教育技术下高校乒乓球教学模式的改革与创新

(一)现代教育技术对乒乓球教学模式的影响

随着教育信息化时代的来临,现代教育技术在高校乒乓球教学中的运用越来越普遍,并对乒乓球教学模式产生了重要影响,具体表现如下。

1. 改变教师的刻板印象

一些教师简单地认为,乒乓球教学就是教师带领学生反复进行技术练习的过程,乒乓球教学应该以实践为主,突出体育教学本身的实践性。这其实是教师对包括乒乓球教学在内的体育教学的一种刻板印象,也反映了部分教师观念比较传统、落后。在传统观念下,乒乓球教师在课上只是不断讲解、示范乒乓球技术动作,带领学生反复练习,而关于理论方面的内容,则很少提及。学生通过反复练习虽然熟练掌握了乒乓球技术动作,但对该项目最基本的理论常识都不清楚,显得有些"四肢发达、头脑简单",知其然而不知其所以然。

现代教育技术在乒乓球教学中的运用有助于改变教师对乒乓球教学的刻板印象和传统观念,使教师逐步重视传授乒乓球理论知识,做到理论与实践并重,全面提升学生的乒乓球素养。教师要改变重实践轻理论的做法,将理论知识的传授融入实践教学中,使学生深刻认识乒乓球课的重要性,培养学生的终身体育意识,调动学生参与运动的积极性,这对提高乒乓球教学效果具有重要意义。

2. 丰富教学内容

在传统教学模式下,乒乓球教学内容比较单一,教学方法也比较单调,多为练习法、竞赛法等。而在乒乓球教学中引进现代教育技术,教学工具将更加先进,教学内容将更加丰富有趣,教学方式也将更加多样灵活,能够有效提高乒乓球教学的趣味性和教学效果。

例如,借助互联网技术筛选一些与乒乓球教学内容相关的图片、视频、音频等教学资料,使学生通过听、看而对所学内容有更全面的了解,促进学生学习兴趣的提升。现代教育技术与传统教学模式是互补的,现代教育技术对传统教学模式缺陷的弥补主要表现在丰富了教学内容、教学形式灵活、提升了学生学习兴趣,这些对最终教学效果的改善具有重要作用。

利用现代教育技术可以将健康知识、运动卫生知识、运动保健知识等相关知识整合起来,在乒乓球教学中穿插讲解,从而丰富和拓展乒乓球教学内容,促进学生健康观念的更新和健康水平的提升。

3. 改变课堂角色

现代教育技术在乒乓球教学模式中的融入改变了教师与学生的传统角色,使教师从教学内容的传递者转变为教学内容的设置者和教学活动的引导者,使学生从被动接受者转变为主动学习者,强调学生的主体地位和教师的引导作用,对培养学生的自主学习能力具有重要意义。

(二)现代教育技术与乒乓球教学模式的融合

鉴于现代教育技术对乒乓球教学模式具有积极的、重要的影响,在高校乒乓球教学中应加强二者的融合,充分发挥现代教育技术的优势,不断优化传统教学模式,从而改善乒乓球教学现状,提高教学效果。下面针对现代教育技术和乒乓球教学模式的融合提出几点建议。

1. 利用校园网络为教学服务

随着计算机技术的发展和高校教育的不断改革,各大高校的计算机网络中心逐渐建立和完善,计算机基础课程基本全面开设,有的高校还设置了多媒体技术、网络教学等有关现代教育技术的选修课程,从技术层面保障大学生顺利进行计算机学习和实践操作。高校不断完善的多媒体教室、网络机房等信息化硬件环境为现代教育技术在教育教学中的运用提供了良好的操作平台和环境氛围。利用高校丰富的计算机网络资源能够为信息化乒乓球教学的开展提供支持与保障。

例如,利用高校校园网络资源和计算机硬件设施建立校园乒乓球网站、论坛,在校园网中增加乒乓球板块,将乒乓球热点新闻、风云人物、学校乒乓球赛事信息等内容及时发布,使学生快速了解乒乓球相关信息。此外,在乒乓球板块中可以设置留言功能,便于乒乓球爱好者在此交流、互动,也便于收集意见或建议,为改善乒乓球教学提供参考。

另外,现阶段各大高校纷纷实行网上选课模式,学生利用校园网选择乒乓球课程,这方便教师了解有多少学生对乒乓球课有兴趣,并来上课,从而根据选课人数做一些教学准备。

2. 将现代教育技术运用到乒乓球理论教学中

当代大学生学习乒乓球课程,不仅要学习和掌握乒乓球运动技能,还应该对乒乓球知识、乒乓球文化加以学习,树立体育精神,形成终身体育意识,这是高校乒乓球教学的基本目标。随着我国乒乓球事业的不断发展,乒乓球成为我国体育实力的重要组成部分,在体育强国建设和全民健身实施中,我国号召人民群众积极参与体育运动,参与国球运动。在这一社会背景下,高校要更加重视乒乓球理论教学,提升大学生的乒乓球理论素养。

传统乒乓球教学模式存在轻理论、重实践的弊端,教师讲解的理论知识主要集中在乒乓球运动发展概况、竞赛规则等方面,讲解方式简单枯燥,限制了学生对乒乓球理论和文化的深入理解,也阻碍了学生用正确的理论指导实践。对此,应在乒乓球理论教学中充分运用现代教育技术,利用网络的优势和功能对理论方面的知识和信息进行收集,并配以图像、动画、视频等方式传授理论知识,激发学生的兴趣。

利用现代教育技术进行乒乓球理论教学时,要注意在播放音频或视频、展示图片等信息化教学资源的基础上组织学生现场互动、讨论,设置问题,启发学生思考,使学生更好地理解乒乓球理论知识,更好地接收与消化知识与信息。教师如果只是单纯播放音、视频,展示图片,简单讲解,而不组织学生讨论,那么学生接收的教学信息在大脑中保存的时间将比较短,学生容易遗忘。

3.将现代教育技术运用到乒乓球实践教学中

乒乓球实践教学以体能、技能教学为主,尤其是以技术教学为主,乒乓球教学目标任务的完成情况和乒乓球教学的最终效果很大程度上是由乒乓球技术教学结果所决定的。在传统乒乓球实践教学中,经验式教学占比很大,主要模式是教师教、学生学,教师示范动作,学生观察,然后机械性地模仿,反复练习,而对每个技术为何这么做,如何提高标准度则缺乏基本的思考,导致学生错误地认为上技术课就是纯粹的身体活动,不需要脑力付出。而将现代教育技术运用到乒乓球实践教学中,利用计算机语言编程、图像处理等技术和功能来动态化地呈现完整的乒乓球技术,并辅以声音讲解、文字解说,图、声、文并茂,能够有效激发学生学习和思考的积极性,从而提高教学效果。

在实践教学中使用现代教育技术,能够将整个动作过程直观生动地展现出来,在播放到重难点动作环节时可暂停,着重进行分析,使学生对重难点技术动作有深刻的理解和充分的把握。这也有助于打破沉闷的课堂气氛,营造愉悦欢快的教学氛围。

4.制作多媒体教学课件

利用现代教育技术进行乒乓球教学课件的制作,这对教师的教学功底、信息化素养是很大的考验,如果能够设计出高质量的多媒体教学课件,将会很好地突破传统教学模式的束缚,将新课件的功能充分发挥出来。

教师利用现代教育技术进行乒乓球教学课件制作时,要基于对乒乓球教学目的、教学需要和学生的需求的综合考虑而选择合适的教学素材,合理编辑文字、图片、录像等资源,注重对版式、背景的合理设计。计算机教学课件涉及的知识和内容与传统教学课件相比更加丰富、全面,但也相对复杂一些,对学生的教育更全面一些。

在乒乓球教学课件制作中运用多媒体手段,能够使学生对课堂教学内容产生兴趣和好奇心,产生探索的热情和积极性,从而主动投入学习,配合教师,教学效果甚好。

5.加强师资建设

在现代教育技术下进行乒乓球教学,虽然现代教育技术发挥了举足轻重的作用,学生的主体能力和主观能动性也得到了很大程度的发挥,但乒乓球教师的主导作用依然很重要,不能忽视。在现代教育技术与乒乓球教学模式的融合中,要加强对乒乓球教师专业素养的培养,特别是要培养教师的信息化素养,并以培养信息化教学能力为主。除了培养教师对现代教育技术的认知能力、操作能力外,还要利用现代教育技术转变教师的传统教学理念,结合时代背景和教学信息化发展趋势对教师进行再教育,使教师适应高校乒乓球教学的改革趋势,不断提升和完善自己,实现更好的专业化发展。

(三)信息化乒乓球教学模式构建案例——"示范→讲解→练习→评价"模式

1.传统教学模式——"示范→讲解→练习"的信息化

乒乓球教学以技术为主要内容,实践课中的主要教学模式往往是适用于技能教学的教学模式。在乒乓球实践教学中,常用的教学模式是"示范→讲解→练习"这一传统模式,这一模式的有效性已经在实践中得到了证明。它虽然是比较传统的体育教学模式,但在现代教育技术背景下依然常常被运用于运动技能教学中,依然是信息技术与体育课程整合之下的主要教学模式之一,其地位依然不可动摇,备受重视。

传统的"示范→讲解→练习"教学模式之所以在信息化教学中依然被"重用",主要是因为该模式与运动技能形成规律、体育教学一般规律相符,与大学生的认知特征、身心发育特征相符,但在信息技术与乒乓球课程融合的背景下继续使用这种教学模式,需要对它的操作环节进行信息化处理。

用传统的"示范→讲解→练习"教学模式进行乒乓球技术教学时,教师将乒乓球技术展示给学生的主要途径有亲身示范、媒体工具(视频、图片等）示范等，在这个过程中，学生用自己的感官接收信息，然后将信息输入第二信号系统进行加工，以促进运动表象的形成，学生在初步形成的运动表象的指挥下进行模仿练习。这时学生在模仿中产生的本体感觉并不是正确动作的本体感觉，而其对正确动作的本体感觉应该是什么样子却并不清楚。

学生进行模仿练习时，教师在旁边密切观察，不断指导、帮助，因为学生根据自己初步形成的表象对动作形成的理解比较片面，甚至有偏差、错误，所以教师要提供辅导、及时纠正。教师的指导与帮助主要体现在语言提示、反复示范、辅助练习等方面，通过及时有效地辅导，学生能够逐渐清楚正确动作的本体感觉应该是什么样的，然后在反复练习中将正确动作熟练掌握好，这时其才真正形成了关于运动技能的正确的本体感觉。如果没有教师的辅导，学生只能学到皮毛，对动作要领很难真正掌握。

上述分析表明，教师正确的示范是学生对动作要领予以掌握的关键，这对教师的技术水平和示范能力提出了很高的要求，一旦示范不够准确，又没有采取其他展示动作的手段，学生难以准确掌握动作要领。因此，运用多媒体技术展示动作的方法越来越受重视，教师的示范由多媒体手段替代，有助于促进信息技术与乒乓球教学模式的进一步整合。通过多媒体技术展示动作有利于学生建立正确的动作表象，但这也只是学生掌握技术的基础，运动技能形成规律要求学生要对正确动作具有良好的本体感觉，良好的本体感觉是教师进行经验教学的基础，教师的经验就体现于此。

目前，计算机技术还无法完全取代教师，教师的教学功能中有一部分能够被计算机替代，但还有很多无法用语言准确描述的能力是不可替代的，比如教师的示范、指导能够使学生对正确动作形成良好的本体感觉，而运用计算机手段难以使学生自主构建本体感觉。这主要涉及以下两方面的问题。

第一，采集信息的问题。采集人的本体感觉主要有接触采集和无接触采集两大技术，前者在一些简单的动作中比较适用，但会对运动造成妨碍，而且有的技术是比较危险的，可能引起被采集者的生理问题。后者需要采用间接推算的方法来估计信息，缺乏准确性，而且不够实用。

第二，效应器的问题。这其实就是计算机处理结果用什么方式作用到人体的问题。

以上两个问题表明在信息技术与乒乓球教学模式的融合中,通过信息技术的帮助使学生自主构建本体感觉有一定的难度,这也是在现代教育技术下进行乒乓球教学必须解决的一个主要问题。

2.信息化的"示范→讲解→练习→评价"教学模式

通过分析传统教学模式"示范→讲解→练习"的信息化,可以沿着这个思路对信息化的"示范→讲解→练习→评价"教学模式进行构建与设计,该信息化教学模式同样是乒乓球技术教学的主要模式。新模式的结构模型如图3-6所示。

将信息化教学新模式运用到乒乓球教学中,主要有以下两种情况。

(1)学生在教师的辅导下学习

在有教师的情况下,教师的主要作用是在学生学习时提供帮助和辅导。例如,及时指出学生的错误,帮助纠正,对学生的练习方式、进度进行调整等。有教师的辅导和帮助,学生能够顺利掌握乒乓球技术动作。

和传统教学模式相比,在新的教学模式下教师省去了讲解、示范的环节和时间,而在帮助和辅导上付出更多,学生可以根据自己的情况来安排练习节奏,而不完全由教师控制。

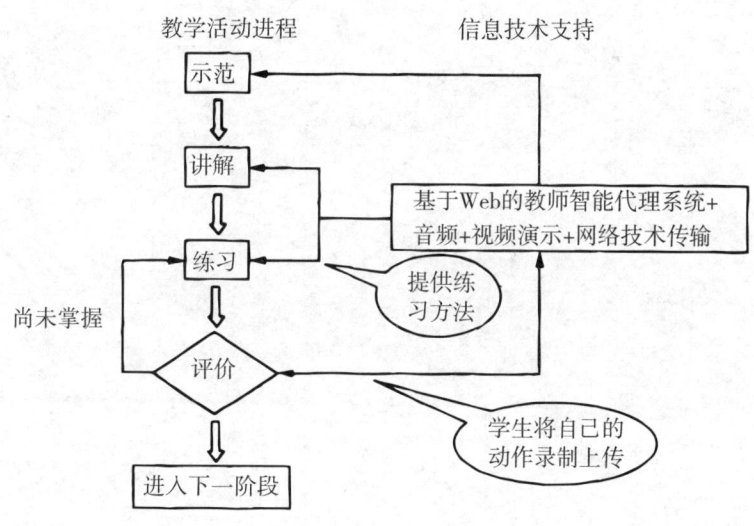

图3-6　示范→讲解→练习→评价模式的结构模型①

①　阿英嘎.信息技术与体育教育专业课程整合[M].南京:南京师范大学出版社,2010.

（2）学生自学

基于 Web 构建教师智能代理系统，了解学生的学习需求，利用现代教育技术，以科技化的手段将学生要学习的技术动作示范呈现出来，完整呈现技术动作后，同样以多媒体工具进行讲解，对于学生没有看清的动作，可再次慢速播放。

若在学生开始学习前，系统已经获取了关于学生已经掌握的知识和技能的相关信息，则系统会有选择性地进行关键动作要领的讲解，并结合学生的学习基础、学校的教学条件为学生设计、提供适宜的练习方法，学生根据系统给出的方法练习一段时间后，向系统输入自己的技术动作录像，系统自动作出评价。若系统评价结果为学生动作错误或掌握不充分，系统将继续给出适宜的练习方法或给出纠正学生错误动作的方法。

信息化的"示范→讲解→练习→评价"教学模式是在传统教学模式的基础上进行信息化加工和"升级改造"的结果。按照这种思路，我们可以继续探索现代教育技术与乒乓球教学模式的融合路径，尝试对更多的信息化教学模式进行构建，从而将之运用到乒乓球教学中，以提高乒乓球教学效果。

第四章　高校乒乓球课程思政建设研究

　　课程思政是当前高校非常流行的一个教育理念。该理念倡导在各学科课程教学中融入思政元素，或充分挖掘课程本身的思政元素，使思政教育与专业课程教学并行，形成全面育人的课程体系，完成立德树人的育人任务。乒乓球是我国的国球，其本身就含有丰富的课程思政元素，将课程思政与乒乓球教学相结合，具有先天的优势。在课程思政理念下，高校在乒乓球课程建设中应充分融合思政教育，挖掘乒乓球课程的思想政治元素，将这些元素融入乒乓球教学的各个环节中，从而充分发挥乒乓球课程的德育功能，培养大学生的体育精神和道德品质。本章重点围绕高校乒乓球课程建设展开研究，主要内容包括课程思政解读与体育课程思政建设、高校乒乓球课程思政建设的必要性、乒乓球课程思政元素分析以及乒乓球课程思政建设的现状、问题与发展路径。

第一节　课程思政的科学解读

一、课程思政的概念

　　课程思政是指以构建全员、全程、全课程育人格局的形式，将各类课程与思想政治理论课相结合，形成协同效应，把"立德树人"作为教育的根本任务的一种综合教育理念。"课程思政"的价值在于将各类课程中所含有的思政元素充分挖掘出来，将其嵌入课程教学中，以潜移默化的方式融入教学过程的各个环节中，从而使非思政课程的育人价值得以实现，最终在传递知识的同时增强育人的功效和达到育人的目的。

二、课程思政的丰富内涵

课程思政具有丰富的内涵,如图 4-1 所示。

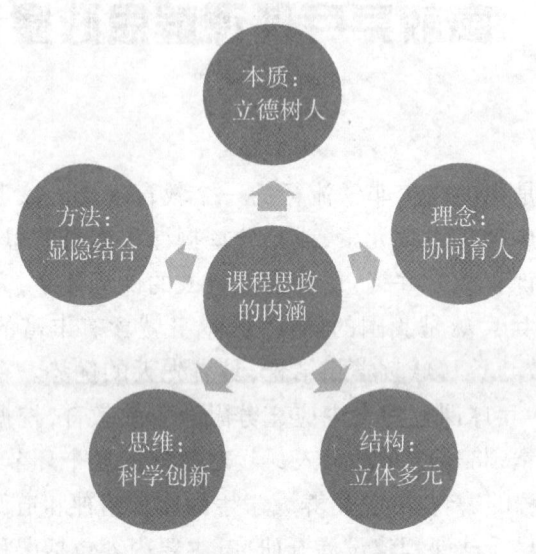

图 4-1　课程思政的内涵

（一）本质：立德树人

从本质上而言,课程思政是一种教育,教育的目标是立德树人。育德是育人的基础和前提,我国教育发展史上一直强调育德的重要性,主张育人、育才要有机统一,这是我国优良的教育传统。育人先育德,育德就是要进行思想政治教育,培养德才兼备的人才,为国家输送道德品质好、专业素养高的全面型人才。在思想政治教育中,要以德"立身""立学"和"施教",引导学生形成正确的世界观、人生观和价值观,树立科学的民族观、文化观、历史观,从而对民族传统文化进行传承,并不断创新。总之,通过思想政治教育,要培养德智体美劳全面发展的综合型人才,这才是社会发展所需的人才,是中华民族伟大复兴所需要的建设者和接班人。

（二）理念：协同育人

我国提出课程思政的育人观，主要就是倡导各学科专业课程的教学与思政教育并行，二者同向同行，共同培育全面发展的人才，这充分体现了课程思政的协同育人理念。协同育人是学校教育的重要使命，也是我国教育方针的具体体现。一所学校的教育水平如何，主要通过该学校培育人才、输送人才的数量和质量来衡量，而且所输送的人才应能够成为国家的合格建设者和可靠接班人，能够为实现中国梦做出贡献。可见，学校教育是服务国家和民族的教育，高等教育尤其如此。高等教育直接为国家输送优秀人才，培养的人才对国家建设越有利，高校在教育界就越有话语权。

（三）结构：立体多元

课程思政是一种多元统一的教育理念，这里的多元包括传授知识、塑造价值和培养能力，将三者有机统一，便形成了结构上立体多元的课程思政。传统教育的结构以传授知识和培养能力为主，相对单一，课程思政的教育结构却是多元的，这是教育结构不断变化和日益完善的表现。传统课程教学，虽然也强调传授知识、培养能力以及塑造价值，但在课程实施过程中往往将三者割裂开来，不利于培养全面发展的人才。而课程思政实现了三者的统一，使课程教学回归育人本质。

课程思政要求教师在教学过程中尽可能从学生日常生活出发寻找具有实质性的介入方式，只有介入学生日常生活，才能真正了解他们的需求，了解他们遇到的问题与困惑，可以是学习中的问题，也可以是生活中的问题，在融入思政教育的课程教学中有针对性地帮助学生解决问题，使学生将所学知识、技能运用到生活中解决问题，并将在教学中塑造的价值运用于社会交往中，充分发挥学习收获的积极作用，这样学生才能够真正领会知识的力量，领会思想政治教育的价值。

（四）思维：科学创新

当前，我国正处于社会转型的关键时期，处于文化大繁荣、多元文化交织的时代,在这一时代背景下,创新思维和科学思维缺一不可。在新时代,培养大学生的思想政治素质非常重要,通过培养,要使大学生形成正确的立场,树立正确的观念,以科学的方法分析和解决问题,在学习中善于观察、思考,善于在实践中学习和领悟,对时代的发展方向要有正确的把握,对社会的主流和支流、现象和本质要能够正确辨析,要形成多元思维,包括系统思维、科学思维、历史思维和创新思维。

课程思政将科学思维展现得淋漓尽致,课程思政中体现的科学思维与唯心主义、机械唯物主义相对立,是一种用历史唯物主义和辩证唯物主义的方式看待事物的思维。当前,国际社会上出现众多社会意识形态,这些意识形态在社会不同领域风云变幻,多种社会思潮观念并存且交锋激烈,在这一背景下,我国教育界需要科学思维才能顶住压力,需要加强思政教育才能抵住侵蚀,可见将思政教育融入不同学科课程中非常必要。只有加强思政教育,树立科学思维,才能将牢固的思想防线树立起来,使学生面对各种错误思潮时能够自觉抵制。

课程思政不仅体现了科学思维,还体现了创新思维,强调将思政教育融入除思政理论课以外的其他学科课程中,如果像传统思政教育一样单靠思政理论课教育培养学生的思政素养,显得孤掌难鸣,力量比较单薄。而如果能够在思政理论课之外的其他课程中融入思政教育,在课程思政的实施中树立创新思维,谋求新的出路与发展,创造新的方法与空间,那么思政教育将得到创新发展,思政育人目标也将在更高层次实现。与此同时,在其他学科课程教学中融入思政教育也体现了学科课程的创新,对提高学科课程的实施效果和教学质量也具有重要创新意义。

(五)方法:显隐结合

在人才培养中,要先回答三个根本问题,一是培养什么样的人,二是怎样培养,三是为谁培养。只有明确了这三个问题的答案,才能在坚持社会主义办学方向的基础上明确人才培养方向,提高人才培养质量。人才培养是一个复杂的工程,其中涉及诸多培养体系,包括教材体系、教学体系、管理体系等,而无论是哪个体系,思想政治工作体系都始终贯通其中。可见,在人才培养的蓝图中,思想政治工作必不可少。课程思政的提出也恰好反映了这一点,在人才培养中践行课程思政,围绕思想政治教育对人才培养的目标、内容、模式、方法等进行改革,在各类培养人才的课程的教学中,将与政治认同、国家意识、文化自信等思政元素融入知识传授、技能培养中,将知识、技能的显性教育与思想政治隐性教育有机统一,能够培养全面型人才,促进学生全面发展。

第二节　体育课程思政建设

一、体育课程思政概述

体育课程思政指的是以体育课程为载体,将思政教育元素融入课程教学中,构建融体育知识传递、体育能力培养和思政教育于一体的体育教育实践活动。体育课程思政要求在体育教学的全过程中都贯穿思政教育,在向学生传播体育知识、培养学生运动能力的同时引导学生树立正确的世界观、人生观和价值观,潜移默化地立德树人,对思政价值观的引领作用予以强调,在教学过程中渗透社会主义核心价值观,达到体育教育和思政教育的双重效果,促进学生全方位发展和提升。

体育课程思政在发挥思政教育价值方面主要是通过显性教育和隐性教育两种方式实现的,其中显性教育作为主要教育方式发挥了巨大的作用,隐性教育作为辅助方式也发挥了一定的作用,这两种教育方式相辅相成,都是不可或缺的。在体育课程思政的显性教育中,体育教学作为主要载体形式,以比较简单、直接的手段对学生进行思政教育,对学生的社会主义核心价值观进行培养。

体育教学的任务不仅是将体育知识与技能传授给学生,培养学生的终身体育锻炼习惯,促进学生体质的增强,而且还要对学生的意志品质、思想道德品质、体育精神进行培养,促进学生人格的健全和各方面素质的全面发展。将体育课程与思政课程融于一体的体育思政课程既有体育教育的内容,也有思政教育的内容,结合两方面的优势教学内容构建体育思政育人体系,有利于促进高校体育教学过程的创新,包括教学内容、教学方法与模式、教学评价等多方面的创新,从而进一步深化体育教学改革,提升高校体育课程质量。

二、课程思政理念融入体育课程建设的必要性

（一）课程思政具有深刻的教育内涵

课程思政是对传统教学理念的一种颠覆，它提供了一种全新的教学思路。课程思政转变了传统的依赖专业的思政课程进行教学的思政教育模式，将思政教学的任务下发到每一个学科教师的手中，促进专业知识的显性教育和思政教育的隐性教育相结合，构建思想政治理论课、综合素养课、专业课三位一体的高校思想政治教育课程体系和思政课教师、专业教师、校内外专家协同联动的育人体系，促进从"思政课程"主渠道育人向"课程思政"立体化育人的创造性转化。

课程思政这一教学理念的提出，不仅能够有效解决传统思政课程教育效果不佳的问题，更是对我国的体育教学体系进行了一次有力的冲击，为我国体育教学模式的发展提供了全新思路，有利于促进体育教学新模式的形成，进而为体育课程教学提供指导。

（二）课程思政具有重要价值

课程思政是对我国教学模式的一次重要突破，弥补了我国传统教学模式在思政教育上的不足。在传统教学模式中，各个学科和思政教育之间是相互独立的关系，这种关系导致在很长一段时间内，教育的"教书"和"育人"两个功能难以同时实现。而课程思政则实现了专业课教学和思政教育之间的联合，在专业课教学中有针对性地加入思政教育的内容，一方面丰富了专业课的内容；另一方面也借助专业课课堂达到了思政教育的目的，真正体现了教育的"教书育人"功能。同时，这种通过串联的方式实现双重目标、提升教学效果的新颖教学模式的成功，为我国接下来的教学模式改革提供了灵感，有助于促进我国的教学模式向着更加科学、高效的方向发展。

课程思政的重要价值是我们将其融入体育课程建设的原因之一，下面我们将从学校层面、教师层面和课程层面对课程思政的重要价值进行具体解读。

1.学校层面

学校是对青少年进行教育的最主要的场所。当前,在社会快速发展变化的背景下,学校面临着各种思潮和文化的相互碰撞,对学校教育来说,这既是一种机遇,也同时是一种挑战,关键在于学校自身的抉择和做法。而课程思政的提出无疑为学校指明了思想教育的发展方向,从顶层设计上实现了道德教育和知识教育的统一,使得学校在思潮变化的风口之下坚持了自己"教书育人"的使命。

2.教师层面

从教师层面来说,课程思政对他们提出了"三真"(真学、真做、真信)要求。"真学"是指教师的学习不应该只集中在专业知识上面,而应该实现跨学科学习,同时提高对社会现实的关注,在精通本专业知识的基础上促进自身全面发展。"真做"是指本着"以人为本"的教学理念,对学生负责,不断提高自己的教学水平,钻研课程思政的有效教学方法,坚持进行创新突破,将思政教育无声地融合于专业课堂上,对学生产生潜移默化的影响。"真信"指的是教师本人应该具备高尚的思想道德,严格要求自身,时刻注意自己的言行,通过言传身教实现对学生的教育。

"三真"对教师提出了学习、行动和思想上的要求,对提升体育师资队伍的专业素质和教育能力具有非常重要的价值。

3.课程方面

从课程层面上看,课程思政并不是将专业课课程和思政课简单相加,而是根据专业课的特点,一方面从其中挖掘思政教学的资源;另一方面根据专业课的特点将思政课程的内容有机地融入专业课中。这样做的目的是将思政教育全过程、全方位地融入课堂中,使学生在学习专业知识的同时又得到思想上的"洗礼"。课程思政不仅实现了课程教育中"智育"和"德育"的结合,还开创性地实现了不同学科之间的融合,为我国教育模式的创新发展提供了全新的灵感。将课程思政理念融入体育课程建设与教学中,既能提高学生的体育知识水平与培养学生的技能素养,又能培养学生的良好道德素养,使课程内容更丰富,课程价值更突出。

(三)将课程思政融入体育教学具有重要意义

1. 摆脱思政教育孤掌难鸣的困境

传统的思政教育主要依赖思想政治教育理论课和团日活动进行,存在教学途径单一、教学效果不佳的问题。从思政课堂上来说,教学形式单一、教学内容枯燥、教学课时集中,很难引起学生的兴趣,大部分学生是抱着"混学分"、应付教师的心理来上课的,自然达不到理想的教学效果。从团日活动上说,一般党委和辅导员将举办任务下发给班级学生干部,而学生干部经验不足,对活动意义认识不深刻,导致学生不愿意配合,团日活动流于表面,大部分班级是为了完成教师交代的任务开展活动,不仅达不到教育效果,还无形中浪费了学生的时间、增加了学生的负担。而将思政教育融入体育课程教学中,一方面能够拓宽思政教育的教学途径,改变传统的单一教学模式;另一方面也能发挥学生在体育课堂上的主体作用,激发学生的能动性和积极性,提升思政教学和体育教学的效果。

2. 弘扬和传承体育文化

将思政教育融入体育课程建设与教学之中,实际上是在原有的注重体育技能教育的基础上增加对学生思想上的教育和引导,为学生感悟体育文化的魅力、传承体育文化创造了有利的条件。在体育课程建设中树立思政教育理念,能够通过思想政治和体育精神与体育文化之间的共通性,促进学生思想政治觉悟的提高,促进体育精神文化的弘扬和传承。

3. 增强体育教学效果

课程思政教学从教育本身的角度上来说对于增强体育教学效果具

有重要的意义。体育课程思政教学是将体育专业教学和思政教育结合在一起,一方面发掘体育课程中的思政教学资源;另一方面引导学生将思政课程的内容融入体育学习中。教师在上课过程中带领学生不断进行知识之间的切换和融合,引导学生发现知识之间的联系,这样不仅能够锻炼学生的思维转换能力,还能锻炼学生的知识运用能力,加深学生对体育知识、体育文化、运动技能的理解和掌握,提升学生的思想觉悟,最终实现体育课和思政课双课堂教学效果的目标。

三、体育课程思政建设路径的思考

（一）更新教育理念,注重德育

教育理念是开展教学活动的依据,能够体现教学实践的风格和特点。将课程思政融入体育课程教学中,首先应该更新教育理念,注重德育。在树立教学理念的过程中要充分肯定课程思政的重要价值,将课程思政融入学生培养方案之中,从教学目标、课程设置、教学方法、考核评价等各个环节,从行政到教学、从教师到学生、从活动到课堂等各个方面提高对课程思政的重视程度。课程思政的目标是对学生进行思想政治教育,培养学生的高尚品格,健全学生的人格,因此要在体育教育理念中突出"德育"的重要性。在体育课程建设过程中要响应政府号召,根据教育部门关于课程思政的要求,积极更新教育理念,重视德育和体育的融合,从而为国家培养全面发展的优秀人才。

（二）改革教学模式,创新教学方法

课程思政进入体育课程建设与教学中,需要转变传统教学模式,改变传统教学方式。从教学模式上说,传统体育课程教学注重运动技能教学与培养,很少对学生进行思想政治教育,而课程思政要求将思想政治教育融入各个专业课的课堂教学中,挖掘专业课程的思政元素,并根据专业课的特点有选择地融入思政教育的内容。鉴于此,体育教师要转变传统教学模式,在运动技能教学中加入思政教育内容,实现体育教学与思政教育的有机融合。从教学方法上来说,思政教育进入体育课堂对教师来说是一个全新的挑战,体育教师需要认真钻研教学方法,设计丰富的教学形式,巧妙地将两者结合,激发学生的学习兴趣,使学生在体育课堂上不仅能领悟体育文化,掌握运动技术,还能接受思想和价值观念的正确引导,提升思想觉悟。

（三）建设体育课程思政评价机制

在体育教学评价中,传统评价机制常常受到惯性逻辑思维的限制,导致评价方式单一,而在课程思政视域下,要对学生的体育学习成果进行多维度评价,包括知识、技能、道德品质等多方面的评价,从而判断体育课程全面育人目标的实现程度。此外,对体育教师的评价也要优化升级,这就有必要建设体育课程思政评价机制。

第一,建立科学的学生评价机制,除了评价学生的体育理论知识素养、运动水平外,还要对其思想品质、社会意识、集体主义精神等素养进行综合评价和考量。

第二,建立科学的教师评价机制,除了评价体育教师的基本教学能力和专业素质外,还要评价其思政教育能力、将思政元素融入体育教学过程的课程设计能力以及全方位育人能力。

第三,建立健全师生综合评价机制,在内容方面体现责任、修养、情感、适应度等,真正实现从知识、技能向人文核心素养的延伸,最后内化为师生的综合素质。

（四）提升教师的综合素质,增强德育能力

教师是课程思政改革中非常重要的一个影响因素,教师自身的思想道德素质和教师实行思政教育的能力都会在很大程度上影响教学效果,教师直接关系到课程思政的教学目标能否实现。因此,在体育课程思政建设过程中一定非常重视体育教师的培养与发展,要注重提升教师的综合素质,增强教师的德育能力。

首先,体育教师对学生起到榜样的作用,教师的言行举止会在潜移默化中对学生产生影响,所以体育教师一定要自觉提高自己的思政水平,提升自我人格魅力,使学生形成对教师的敬佩感和信服感。学校要加强师德、师风建设,提倡教师在课余时间参加思政教育,也可以组织相关的活动和设置培训课程,将教师集中起来进行思想政治教育培训。

　　其次,体育教师要提高思想觉悟,认识到对学生进行思政教育是一项艰巨但光荣的使命,主动承担起德育的责任,引导学生树立正确的思想价值观念。体育教师要积极探索推进思政教育进入体育课堂的有效办法,结合思政教育的要求不断创新体育教学方法,促进思政教育和体育教学的深度融合,不断提高体育教学质量,实现知识、技能、情感态度与价值观等多层次的体育教学目标。

第三节　高校乒乓球课程思政建设的必要性

一、贯彻国家教育方针的需要

　　高等教育肩负着为国家培养优秀人才、立德树人的伟大使命。高校乒乓球课程作为高等教育的一部分,同样要通过课程建设与教学实施去贯彻育人方针,完成育人使命。课程思政、全面育人等理念的提出体现了国家在高等教育方面教育方针的变化与教育结构的完善。为加快国家教育体制改革步伐贯彻国家教育方针,要求在乒乓球课程教学中将思政教育融入进去,将价值观培养、人生观引导、世界观塑造等融入乒乓球知识传授与技能训练中,并借此培养大学生的拼搏精神和顽强意志。

二、全面素质教育的必然要求

　　素质教育理念强调培养人才的基本素质,促进培养对象个性的发展与健全,实现全面发展。因为社会阅历比较缺乏,大学生价值观、人生观和世界观还不够稳定,而且也有可能偏离正确方向。再加上社会上各种思潮激流勇进,大学生难免会被负面思想和言论侵蚀。因此,将思想政治教育融入大学生喜爱的体育课程教学中非常必要,既能培养大学生的身心健康素质,又能提升大学生的思想政治素质。乒乓球是大学生喜闻乐见的项目,挖掘乒乓球课程的思政元素,有机融入高校乒乓球课程教学中,不仅能够使大学生掌握乒乓球知识和技能,还能锻炼他们的意志品质,健全其人格,从而真正满足素质教育的要求。

三、实现课程目标的必然要求

体育是健康教育和综合素质教育的统一体,是高校培养全面发展人才的重要途径。乒乓球是高校体育教育的重要组成部分之一,也是大学生喜爱的体育课程,通过乒乓球教学既要培养学生的健康体质,又要培养学生的综合素质。因而,高校乒乓球课程目标可分为认知目标、身心健康目标、知识与技能目标、情感与价值观目标、社会适应目标等多个维度。认知目标主要是要提高大学生对乒乓球的认知水平;身心健康目标主要是要提升大学生的身心健康水平;知识与技能目标主要就是通过传授乒乓球知识与技能,培养大学生的乒乓球基本素养;情感与价值观目标主要培养大学生的良好学习态度、正确价值观;社会适应目标旨在提升大学生的社会交往能力和适应能力。这些多维目标尤其是心理健康目标、情感与价值观目标、社会适应目标与思想政治教育目标有相通之处,如培养大学生积极乐观的生活态度、顽强拼搏的精神、公平竞争的体育道德素质、团结协作的能力、协调人际关系的能力、良好的行为习惯等。鉴于高校乒乓球课程目标与思政教育目标在某些领域如出一辙,为更好地实现乒乓球课程的多维育人目标,可在乒乓球课程实施与教学过程中树立课程思政理念,融入思政教育,挖掘乒乓球本身的思政元素,加强乒乓球课程思政建设。

第四节 高校乒乓球课程思政元素分析

乒乓球被誉为我国的国球,中国乒乓球精神名扬国内外,包括胸怀祖国、放眼世界、为国争光的精神;发奋图强、自力更生、艰苦奋斗的实干精神;不屈不挠、勤学苦练、不断钻研、不断创新的精神;同心同德、团结战斗的集体主义精神;胜不骄、败不馁的革命乐观主义和革命英雄主义精神(图4-2)。这些精神都是非常重要的思政教育元素。在高校乒乓球课程教学中,弘扬中国乒乓球精神,使学生深刻理解并领会这些精神,能够充分发挥乒乓球的德育功能,实现乒乓球教学的德育目标。

图 4-2　中国乒乓球精神

一、胸怀祖国、放眼世界、为国争光的精神

"胸怀祖国,放眼世界、为国争光"是爱国情怀的表现,是中国乒乓球运动员的奋斗目标,刘国梁、马琳、王励勤、王楠、张怡宁、马龙、樊振东、孙颖莎等中国优秀乒乓球运动员们,他们心系祖国,在赛场上拼尽全力,力争第一,不断传承乒乓精神,保障了中国乒乓球世界强国的地位。优秀的乒乓球运动员不仅要有深厚的感情推动祖国的发展,要始终把祖国的利益放在心中,为祖国的荣誉和强大而不懈努力,还要拥有广泛的知识面和对全球趋势的敏锐洞察力,能够预见未来世界乒坛可能出现的机会和挑战,并做好应对措施。此外,优秀的乒乓球选手还要积极适应和包容多元乒乓球文化,不断学习和进步,不断提升自己的能力。

在实现中国梦的伟大航程中,爱国主义始终是中华民族的精神支柱和强大动力。在高校乒乓球教学中,教师要充分利用乒乓球中蕴含的爱国主义精神培养学生的爱国情感和民族自豪感。

二、发奋图强、自力更生、艰苦奋斗的实干精神

在漫长的中国乒乓球发展历史上，我国乒乓球运动员艰苦奋斗的实干精神一直是刻在骨子里的。虽然乒乓球是小球运动，相对于排球、篮球那种对抗性更强的运动来说，它的对抗性是比较小的，但是我们依旧能从中看到我国乒乓球运动员拼搏向上的精神。这种拼搏向上的精神正如乒乓名将容国团所说的"人生能有几回搏，此时不搏尚待何时"。在乒乓球赛场上，比赛的输赢与其他隔网对抗运动项目相比在短时间内就可以得出结果。在这种快速反馈的信息下，很容易激发运动员的进取精神。发奋图强、自力更生、艰苦奋斗的实干精神能够给大学生带来坚持下去的勇气与力量，不断激励大学生积极进取、永不放弃。

三、不屈不挠、勤学苦练、不断钻研、不断创新的精神

创新是引领发展的第一要义，是一个民族进步的魂，是一个国家不断前进的动力。中国乒乓球在器材、打法、技术、制度等多方面上的大胆创新，促进了乒乓球运动的持续发展。在漫长的探索与创新过程中，我国乒乓球教练员、运动员、科研人员及其他从业者不断钻研，积极进取，创造了一个又一个的奇迹。中国乒乓球运动员在国际大赛上取得的优异成绩是运动员夜以继日不屈不挠、勤学苦练的结果，是运动员和教练员共同钻研、不断创造新打法的结果。国乒选手们不屈不挠、勤学苦练、不断钻研、不断创新的精神对大学生具有重要的启示意义。在高校乒乓球课程教学中充分灌输与弘扬国乒的这一精神，能够有效培养大学生不屈不挠的意志品质、勤学苦练的刻苦精神和钻研创新的前瞻意识。

四、同心同德、团结战斗的集体主义精神

乒乓球运动处处体现着同心同德、团结战斗的集体主义精神。比如在进行练习时，需要同伴的配合与帮助，才能更好地达到练习目的；在进行比赛时，需要教练在场外指导，找出对方的弱点和自己的不足并及时作出调整，改变战术来取得胜利。双打时，需要队友的默契配合才能克敌制胜；团体赛时，要遵从教练安排，制定出场策略，这就更考验团队

间的协作精神。

同心同德、团结协作的意识不是短时间内就能形成的,需要在平常一系列练习和比赛活动中养成。乒乓球精神文化强调团队合作和友谊,队员们需要相互配合,互相支持,共同努力,保持良好的团队合作精神,才能够取得好成绩。在高校乒乓球课程教学中融入同心同德、团结战斗的集体主义教育,有利于培养大学生的团体意识、合作精神和集体主义观念。

五、胜不骄、败不馁的革命乐观主义和革命英雄主义精神

在中国乒乓球历史上,乒乓健儿有过成功登顶的辉煌,也有过跌入低谷的挫折,但他们胜不骄、败不馁,始终保持着不服输的拼劲、打不垮的韧劲。"球不落地,永不放弃"。国乒几代人为祖国,为荣光披星戴月,不言败,亦不负热爱,坚定前行、铸就辉煌,让中华体育精神薪火相传,激励着国人奋发进取、为国争光。在乒乓球教学中渗透中国乒乓球胜不骄、败不馁的革命乐观主义和革命英雄主义精神,能够启发大学生在成功时戒骄戒躁,向更高目标前进,失败时不自暴自弃,分析问题,对症解决,重新奋发图强,争取胜利。

总而言之,中国乒乓精神是中国乒乓健儿不断奋进的力量源泉,是深深影响中国体育人甚至社会各界的精神力量,是新中国高速发展的助推剂,是中华民族精神、爱国主义精神、集体主义精神、创新精神在体育运动中的集中体现。在高校乒乓球课程思政建设中深入挖掘中国乒乓球精神,将这些精神作为乒乓球课程思政教育的主要素材和内容,有助于增强大学生的民族自信心和自豪感,并使大学生形成强烈的爱国主义精神、集体主义精神和创新精神。

第五节　高校乒乓球课程思政建设的现状与问题

一、高校乒乓球课程思政的特点

高校乒乓球课程思政建设在高校乒乓球教学改革中有着重要意义，符合国家的教育要求。挖掘乒乓球课程的思政元素并融入教学中，有助于培养大学生的爱国主义精神和民族自豪感，培养学生的意志品质，从而落实立德树人的根本任务。课程思政作为一种新的教育理念，具有其本身的特点。乒乓球课程思政既融合了乒乓球运动的特点，也融合了课程思政的特点，具有直接参与性、社会性以及潜移默化性，下面对乒乓球课程思政的这三个基本特点进行分析。

（一）直接参与性

直接参与性是乒乓球作为一项体育运动区别于其他文化课程的主要特点，乒乓球是以学习技能为主，辅之必要的理论学习，具有很强的实践性。高校通过乒乓球课程思政建设对大学生进行思想政治教育时，需要大学生亲身参与乒乓球运动，感受这项运动对身心的影响，亲身体会乒乓球运动的魅力。乒乓球课程具有直接性特点，学生能够与教师近距离接触，直接感受教师高尚的师德和专业的技能。

（二）社会性

乒乓球是一项全身参与的运动，具有速度快、变化多、参与性强等特点。学生在参与乒乓球运动时，可以和同学互相学习，分享自己的技巧与心得，共同进步，并能增进友谊。乒乓球比赛的强烈参与感可以给学生提供一个相互交流、沟通、了解的平台，迅速拉近师生之间、生生之间的距离，帮助学生扩大交际圈，结识新朋友，提升社会交往能力。乒乓球运动有助于促进个人和群体的沟通交流，在塑造个人价值观，营造和谐的人文交往氛围中充分体现了重要的社会属性和价值。

（三）潜移默化性

乒乓球教学与一般的文化课程教学不同，乒乓球课程更加关注潜移默化。潜移默化主要指学生的思想行为在不知不觉中受到影响。乒乓球课程思政对学生的思想教育、价值引领并不是公开的，而是把这些思政元素，通过设计巧妙地融入乒乓球教学中，学生在学习体育技能、增强身体素质的同时，无声地受到思政元素的滋润，润物无声地进行爱国主义教育和文化培养。

二、当前我国高校乒乓球课程思政建设的现状与主要问题

（一）思政育人目标不明确

从三维目标分析法的角度出发，可以将高校乒乓球课程目标分为三个维度，一是知识与技能，二是过程与方法，三是情感、态度与价值观。通过评价学生乒乓球知识与技能的掌握情况，可以判断知识与技能目标的实现程度；通过设计与灵活运用具体的教学方法与手段，可以实现过程与方法维度的目标。而情感、态度与价值观维度的目标则比较难以直观评价，该维度的目标是思想层面的目标，相对抽象，如果在实践教学中被模糊处理或粗化处理，则不利于师生对该目标的理解，最终影响该目标的实现，影响全面育人效果的提升。

课程思政的提出对情感、态度与价值观这一维度的育人目标提出了更高的要求，在高校乒乓球课程思政实施中必须将知识、技能的传授与价值引领结合起来。但当前很多高校乒乓球教师都没有将思想和精神层面的这一育人目标纳入乒乓球课程目标体系中，或者将思政目标表述得过于抽象、空洞，不利于理解和评价其实现程度。

（二）乒乓球教师思政素养较低、思政教学能力有待提升

将思政教育巧妙地融入乒乓球课程中对乒乓球教师的专业教学能

力、思政能力提出了较高的要求。乒乓球教师能否实施好乒乓球课程思政教学，要看其综合素养是否能满足要求。当前，对一部分在职乒乓球教师而言，在乒乓球课程教学中挖掘思政元素、融入思政教育是不小的挑战，而且因为课程思政融入体育课程建设的相关研究还比较少，所以可借鉴的理论成果或教学模式十分有限。这部分乒乓球教师现有的思政素养和思政教学能力不足以支撑其将思政教育融入乒乓球知识与技能的传授中。此外，还有一些乒乓球教授传统教育思维比较僵化、固定化，一时间难以改变，在授课时不善于将教书和育人结合起来，再加上思政能力的欠缺，最终导致乒乓球课程思政建设与实施效果不尽如人意。

（三）学生对课程思政的认知水平不高

课程思政理念要求在专业课程教学中进行思想政治教育，对专业课程中的思政元素进行挖掘与利用，在传授专业知识的同时引导学生在价值观上有所收获，充分发挥课程的德育功能，最终实现课程思政的立德树人目标。但由于课程思政理念提出的时间比较短，再加上课程思政建设还没有引起普遍的重视，其与专业学科的融合还处于初步阶段，所以一些大学生对该理念缺乏基本的认识和了解，也不关心自己在专业课的教学中是否融入了思政教育，整体而言思政意识薄弱，思政学习积极性不高。鉴于课程思政这一理念在高校的普及还不够广泛，所以要实现专业课程与思政教育的同向同行还有很长的路要走。

（四）乒乓球课程思政资源没有得到充分挖掘

对乒乓球课程中的思政元素进行挖掘是落实乒乓球课程思政的首要环节。但因为乒乓球教师自身思政能力有限、乒乓球中的思政元素较为复杂等因素的影响，导致乒乓球课程思政元素的挖掘不够深入，虽然也在乒乓球知识与技能教学中渗透了思政教育，但缺乏深度，对课程中思政元素的把握不够准确，或者一些教师直接将无关痛痒的思政内容强行套在乒乓球教学中，最终不仅浪费了时间和资源，育人效果也不理想。

（五）乒乓球课程思政教学评价体系有待完善

为保障高校乒乓球课程建设的顺利进行,需要构建乒乓球课程思政体系,并在实践中不断健全与完善该体系。但因为高校乒乓球课程思政建设尚处于探索阶段,这方面的教学管理机制还不够完善,评价标准也有待统一。高校乒乓球课程思政缺乏相应的评价体系,主要与高校对体育课程思政不够重视有关,如果这方面的评价机制一直处于缺失状态,那么乒乓球课程思政育人的效果就很难去评价,课程思政教学质量也无法保证。一些高校虽然在乒乓球课程思政建设中初步构建了相应的评价体系,但评价指标相对单一,评价方式也不够灵活,依然无法对乒乓球课程思政实施效果作出客观、准确的评价和判断。

第六节　高校乒乓球课程思政建设的路径探索

高校进行乒乓球课程思政建设,并不是简单地将思政教育内容机械性地融入乒乓球课程教学中,而是要从乒乓球教学的特点和需要出发,在乒乓球知识传授和技能培养的过程中对学生进行思政教育,其中必然离不开对乒乓球本身思政元素的挖掘,力求充分发挥乒乓球课程的思政育人价值,实现综合教学目标。鉴于当前我国高校乒乓球课程思政建设现状不理想,下面针对其中一些问题提出改革建议。

一、立足学生,全面参与

立德树人是课程思政建设的主要目标,具体就是要促进学生思想道德水平的提升和实现全方位协调发展。不同学生因为成长环境、个性特征等的不同,他们的思想意识是有差异的,对价值认同、道德评价标准也有着不同的认识与理解。为提高学生的思想意识水平,促进学生正确理解道德评价标准,以高标准严格要求自己的道德行为规范,树立正确的价值观,应在高校乒乓球课程教学中融入课程思政理念,具体要做到如下两点要求。

第一,立足实际培养大学生的乒乓球专业素养,首先培养大学生对乒乓球运动的兴趣,普及乒乓球基础理论知识,使大学生进一步了解乒乓球运动,然后通过深入教学,促进大学生乒乓球认知水平、文化基础水平和技能水平的提升。

第二,举办丰富多彩的乒乓球文化活动,将乒乓球文化内涵渗透其中,培养大学生的体育精神,并使其深入了解乒乓球文化内涵与思政教育的融合点,对乒乓球课程中的思想政治元素主动进行探索,自觉在乒乓球知识与技能的学习中接受思政教育,提高思想政治水平。

二、深入挖掘乒乓球课程中的思政元素

要促进高校乒乓球课程思政建设,必须对当前的乒乓球课程设计模式进行优化,对乒乓球课程中的思政元素进行充分且深入的挖掘,以高校优秀的师资为依托,与高校思政相关课程的授课教师一起探讨如何将思政教育融入乒乓球课程建设中。利用乒乓球课程本身的思政元素和德育功能培养大学生的世界观、人生观和价值观,优化乒乓球课程与思政教育融合的教学大纲,切实促进乒乓球知识技能教育与德育、价值引领的统一,将立德树人融入乒乓球知识传授与技能培养中,知识技能教育和思想政治教育并重,以全方位、立体化培养全面发展的人才。

三、丰富乒乓球课程思政教学内容

在高校乒乓球课程思政建设中,不断挖掘乒乓球课程思政的内容资源,健全与完善乒乓球课程思政内容体系也是至关重要的。在乒乓球课程教学中融入思政教育,主要是在理论课中进行相关安排与设计。例如,在向学生普及与讲解乒乓球竞赛规则时,培养与增强学生的规则意识、公平竞争意识。此外,在实践课上也能够贯穿思政教育,可以结合真实比赛案例,尤其是学生熟悉的乒乓球运动员的案例,使学生体会乒乓球运动中蕴含的体育精神和思想道德规范,以此启发学生向优秀运动员学习,自觉遵守规则和道德规范,学习运动员坚韧不拔、拼搏奋进的精神。也可以通过讲述中国乒乓球的辉煌历史来培养大学生的民族自豪感和爱国主义精神。

四、改革乒乓球教学方法，深入实施思政教育

传统乒乓球课程教学方法以讲授法、示范法、练习法为主，教学方法相对单一，缺乏创新。陈旧、枯燥的乒乓球教学方法使得一些学生对乒乓球课提不起兴趣，没有学习的热情，课上不认真学练，课下也不主动巩固知识与技能，导致乒乓球教学效果较差。事实上，传统僵化的乒乓球教学模式已然不能适应现代社会对高校乒乓球课程教学的需求了，只有从教学方法上寻求突破、加强改革，不断创新，才能改变乒乓球教学的这一现状，使学生对乒乓球课程产生浓厚的兴趣，积极参与乒乓球运动。

乒乓球课程教学方法的创新方式有很多，在课程思政理念下，结合思想政治教育的要求进行教学方法创新具有重要的现实意义。具体要求为：充分发挥乒乓球课程的德育功能，采用开放式教学方法教育学生，将思政元素融入传统教学方法的实施中，综合运用多种方法和手段进行教学，使学生不仅掌握乒乓球知识与技能，还能在潜移默化的思政教育中提升个人道德素养和综合素质。

为了在高校乒乓球课程思政实施中达到更好的育人效果，乒乓球教师可以根据教学实际设计翻转课堂教学方式，首先对乒乓球运动中具有价值导向的要素加以整合，再运用任务驱动、问题讨论、文化比较等方法引导学生完成教学任务，鼓励学生以小组为单位合作学习，共同分析与解决问题，这有助于培养学生的合作意识和沟通能力，并能启发学生积极思考，主动探索，营造积极向上的学习氛围。在具体运用翻转课堂教学方式时，可参考图 4-3 所示的基本流程。

五、培养与提升乒乓球教师的课程思政能力

高校乒乓球课程思政建设质量如何、课程思政实施效果如何，关键在于乒乓球教师。乒乓球教师作为乒乓球课程思政的设计者与执行者，其自身的思政道德水平、思政教学能力直接影响最终的育人效果。从这一角度来看，要提高高校乒乓球课程思政建设水准和课程思政育人水平，就必须加强对乒乓球教师的思想政治教育与培训，促进其思想道德水平的提升、课程思政意识的强化以及将课程思政融入专业课教学中的能力提升。

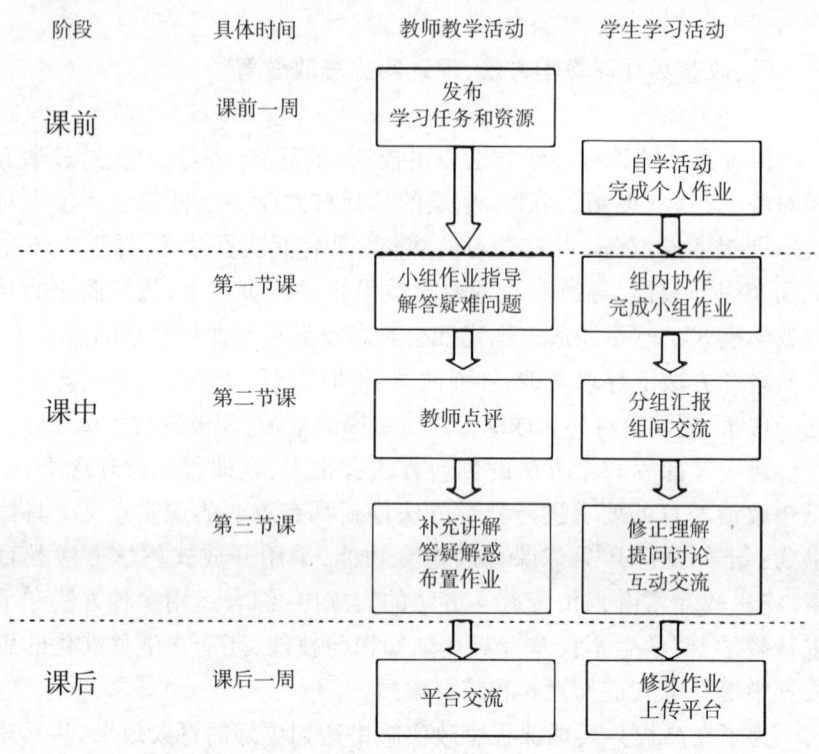

图 4-3　翻转课堂教学的基本流程 [1]

　　为促进乒乓球专业教师思政教育能力和专业教学能力的提升,应将德育意识培养的相关内容融入教师培训体系中,并督促乒乓球教师对中国特色社会主义核心价值观进行系统化学习,引导乒乓球教师从乒乓球领域发现与思政教育的结合点,并充分利用乒乓球本身的思政元素、德育功能来教育学生、培养人才。高校可以组织与体育相关的"思政课程"培训活动,鼓励包括乒乓球教师在内的体育教师积极参加培训,并与其他体育项目的授课教师多交流、沟通,共同研讨将思政教育融入体育课程的方法,促进授课教师课程思政能力的提升和综合育人能力的强化。

① 　王惠.大学体育翻转课堂模式构建[J].鄂州大学学报,2023,30(02):91-93.

六、健全与完善乒乓球课程思政教学评价机制

在高校乒乓球课程思政建设中,为促进建设工作的顺利开展,需要在教学管理体制中融入课程思政相关评价。高校乒乓球课程思政教学是一个完整的系统,既包括课程思政的教学目标、教学内容、教学方法,也包括最后的教学评价环节,这是评价乒乓球课程思政育人效果的重要环节,在课程思政教学管理中要重视对育人评价机制的创建与完善。

具体而言,健全与完善乒乓球课程思政教学评价机制要从以下两方面进行。

第一,在乒乓球课程思政教学评价中,将乒乓球教师的师德师风作为评价内容之一,并将此作为教师职称评定的一个指标,以此发挥教学评价的激励作用,鼓励乒乓球教师自觉提升自己,在教师队伍中形成良好的思政教育风气和全面育人风尚。

第二,采用多元化的评价角度、评价方式和评价指标实施评价,打破传统教学评价中以技能评价、总结性评价为主的模式,注重考查学生的道德素质、体育精神和学习能力。在评价中要充分体现课程思政的要求,激励师生共同参与乒乓球课程思政建设。

第五章 高校乒乓球课程思政教学的科学设计

在高校乒乓球课程思政建设中,进行乒乓球课程思政教学是至关重要的一个环节。要将思政教育融入乒乓球课程教学中,充分发挥乒乓球思政教育功能,真正实现乒乓球的德育价值,实现立德树人的目标,就需要乒乓球教师做好课程思政教学设计工作,在乒乓球教学目标、教学内容、教学方法、教学评价等各个教学要素的设计与优化中合理融入思政元素,在课程思政理念下展开乒乓球教学工作。本章就重点对高校乒乓球课程思政教学的科学设计展开研究,在分析高校体育课程思政设计理论的基础上,分别对高校乒乓球课程思政教学目标设计、教学内容设计、教学方法设计以及教学管理设计进行系统性分析,构建与课程思政紧密结合的乒乓球教学体系,提升高校乒乓球课程思政教学质量。

第一节 高校体育课程思政设计基础指导

一、高校体育课程思政设计的理论基础

(一)马克思主义的全面发展理论

要办好教育,就不能只是一味传授知识和技能,否则就不能称得上是优质的教育,好的教育除了要做好传授知识和技能的基本工作外,还要关注学生的健康状况,培养学生的道德品质和意志品质,提升学生的

综合素养,促进学生全面发展。这是新时代我国人才培养中强调的重点,是构建全面发展型人才培养体系必须解决的课题。高校进行体育课程思政建设,着手体育课程思政教学设计,必须着眼于马克思主义的全面发展理论,从而为课程思政建设与教学设计提供科学的理论依据。

马克思认为,教育应该是自由的,是能够促进受教育者全面发展的,如果依旧在传统分工体制下进行体力和脑力相分离的教育,那么就无法培养出真正的人才。从这一点来看,马克思的思想观念是,教书育人必须是对全面发展的人才进行培育,在人才培养中体育、智育、生产劳动教育必须是紧密结合的,不能分割。在教育上,马克思主义主张为增强学生体质,磨炼学生意志,要加强身体教育,发挥体育的作用。体育和智育同等重要,而且技术培训、技能教育也很重要。将这三种教育结合起来,才能促进人全面而自由的发展。这一理念值得我们在体育课程思政设计中借鉴和参考。

当代我国的教育方针是"培养德智体美劳全面发展的社会主义建设者和接班人",这是马克思主义关于人的全面发展的理论经过长期实践检验的新成果。当前,我国政府高度重视教育事业的发展,并强调教育工作要让人民满意,要加强素质教育,实施公平教育,为中国特色社会主义建设培养全面发展的建设者人才。新时代、新形势对教育提出了新的要求,高校要认真思考要培养什么样的人才,要构建全面育人体系,也就是培养德智体美劳全面发展的人才的教育体系,要在文化知识教育、思想政治教育中贯彻立德树人。这是在中国特色社会主义制度下对高等教育的新要求,也为高等教育制定人才培养目标提供了方向。

立德树人是非常重要的育人准则,优质的教育必须贯彻这一准则,"人无德不立,育人的根本在于立德""高校立身之本在于立德树人"。立德树人要求高校加强思想政治教育、道德品质教育和社会主义核心价值观教育,对学生的良好品质进行培养,为国家输送自尊自立、自信自强的优秀人才。我国的教育方针经历了多次变革,但重视教育事业、遵循育人规律是始终不变的。在课程思政理念下加强高校体育课程改革,实施体育课程思政建设,设计体育课程思政教学体系,能够促进高校人才培养质量的提升,使高校完成培育德智体美劳全面发展的社会主义建设者和接班人的重大使命。

（二）人本主义教学理论

传统教育的基本格局是以应试教育为中心，而人本主义教学理论的出现打破了这一格局，推动了教育的转型，更加关注素质教育，通过素质教育促进人的全面发展。

从哲学视角而言，人本主义教学理论认为知识教育应该放在生命教育之后，应该以人本身的存在为第一位，育人是教育的实质，所以人应该成为教育的中心，围绕人来进行教育，从而培养人的个性、塑造人的才能、提高人的社会适应能力，使教育对象真正成为社会中的人。

从心理学视角而言，人本主义教学理论指出，教育要关注人的全面发展，在具体教学中要将思想教育、知识与技能教育、情感教育、价值观教育等结合起来。如果只是进行知识与技能教育，学生只有学习知识和运用技能的能力，那么不能算是全面发展的人，而在进行知识与技能教育的同时配合价值观教育、健康教育、道德教育、人格教育等各方面的教育，才能培养全面发展的人。

人本主义教学理论在教学目标上强调自由而全面的发展，强调自我价值的实现。马斯洛的需求层次理论指出，自我价值的实现属于最高层次的需求，可见人本主义教学理论中关于实现自我价值的教学目标并不是容易达成的，要先使学生最基本的需求得到满足，比如生理需求、安全需求，然后逐步向实现归属需求、尊重需求过渡，各层次的需求一步步得到满足后，最后也将满足自我价值实现的需求。

自我价值的实现具体在教学活动中从多个方面体现出来，如成功激发潜能、塑造正确的价值观以及获得全面发展，具体包括德智体美各方面的均衡发展以及各方面能力的提升。在人本主义教学理论下，高校体育课程思政建设与教学设计要坚持以人为本的指导思想，不仅要培养学生健康的体质，激发学生的运动潜能和提升学生的运动能力，还要将情意教育潜移默化地融入体育教育中，从而引导学生形成正确的价值观，并磨炼学生的坚强意志，培育学生的集体主义精神，如此既能培养全面发展的社会主义建设者和接班人，也能继承人本主义教学理论，使该理论在实践应用中更加成熟与完善。

现阶段，以传授技术动作为主、对精神价值引领不重视的问题在我国高校体育教学中普遍存在，体育教师对"培养全面发展的人"这一育人目标缺乏深入理解,因此在体育课程思政设计中特别要以人本主义教学理论作为理论参考,强调精神价值引领的重要性,在以人为本的前提下通过体育思政教育培养全面发展的人。

二、高校体育课程思政设计的基本原则

(一)以马克思主义为指导的原则

马克思主义是立党立国的根本指导思想,高校办学要坚持社会主义方向,将马克思主义作为根本指导思想。作为对社会发展主流思想进行传播的主阵地,高校的教育工作涉及众多学科和专业,无论是哪个专业或哪个学科的教学,马克思主义都是最根本的指导思想。同样,高校体育课程思政建设也要以马克思主义为指导,严格贯彻这一原则,从而保证在符合社会主义发展要求的前提下开展体育课程思政教学,保证高校体育课程思政教学不会偏离社会主义发展的方向。只有坚持以马克思主义为指导,坚持正确政治导向,社会主义核心价值观才能通过体育课程思政教学真正得以彰显。

高校体育课程思政设计坚持以马克思主义为指导的原则,要求在体育课程思政教学中融入意识形态教育,始终坚持并不断巩固马克思主义在高校意识形态教育中的指导地位。此外,还要在体育课程思政教学的相关环节中恰到好处地融入社会主义核心价值观,实现价值引领的作用。

(二)问题导向性原则

高校体育课程思政建设与教学设计还要贯彻问题导向原则,将强化问题意识、坚持问题导向作为教学活动的逻辑起点。具体而言,在体育课程思政设计中贯彻该原则要做到以下几点要求。

1. 发现问题、正视问题

一些高校虽然开设了体育课程,但也只是为了完成上级部门布置的

教学大纲与任务,只注重最后的考试成绩,对体育课堂教学没有精心设计,只是在课堂上一味强调多练习,对体育的内在价值和深刻内涵缺乏真正的理解。此外,在教学内容上,以体育基础知识和运动技能为主,强调掌握基本理论知识后要不断练习运动技能,强调动作要标准,速度要快,但对传承体育精神、实施体育价值引领却不够重视。纯粹的理论教学内容或运动技能教学内容不够生动,缺乏趣味性,感召力也不强,不易引起学生的兴趣,也难以使体育课程的思政育人优势得到发挥。在高校体育课程思政设计中要及时发现这些问题,并认真对待问题,将解决实际问题作为体育课程思政建设的重要突破口。

2. 研究问题、解决问题

在发现问题、正视问题后,具体要在高校体育课程思政设计中解决好以下问题。

（1）拓展体育课程教学内容

将体育课堂作为主要教学平台,立足学生实际需求,在体育课程思政教学中既要增强学生体质,又要引导学生坚定理想的信念,形成积极向上的健康生活方式,走出虚拟的网络世界,多学习、多运动。在体育教学中既要传授基础知识,教授运动技能,又要普及与传播体育文化,在体育课堂教学中融入中国梦教育、社会主义核心价值观教育,发挥体育课堂的优越性,实现全面育人的目标。

（2）挖掘体育的教育功能

体育课程最主要的功能是能够增强学生体质,提高学生的运动技能水平。但体育课程的功能非常多元,不限于此。除了这些基本功能外,还具有重要的思政教育功能、德育功能、智育功能、美育功能。充分挖掘体育的教育功能,将体育精神培育、思想政治素质教育、人格培育、道德素质培育等融入体育课堂教学中,有助于促进大学生全面发展,使大学生深入理解体育精神,并在长期的运动实践中形成积极拼搏、团结向上、坚持不懈、爱国爱集体等美好品质,这将为体育课程思政的进一步发展带来新的曙光。

（3）提升体育教师的综合素质

高校体育课程思政的设计水平、体育课程思政教学的实际效果等都直接受到体育教师自身综合素质的影响。作为体育课程思政的设计者与组织者,体育教师要自觉学习习近平新时代中国特色社会主义思想,不断提升自己的思想政治素养和道德素养,并将这些收获内化为教学能力,从而在体育课程思政设计中真正秉持以人为本的原则,以学生为中心,引导学生树立正确的人生观、世界观和价值观,最终完成立德树人的任务。

（三）可操作性原则

在高校体育课程思政建设中进行课程思政的科学设计,是为了更好地实施课程思政教学,为课程思政教学提供思路和方法。为了充分发挥课程思政设计的功能作用,需要在课程思政设计中遵循可操作性原则,确保所设计的课程目标经过努力可以实现,设计的教学内容能够满足学生的需求,设计的教学方法有助于实现教学目标,设计的教学评价方式能够客观反映体育课程思政实施的效果。

在高校体育课程思政设计中贯彻可操作性原则,要求体育教师将思政教育元素充分融入体育课堂中,将知识技能传授与价值引领充分结合起来,从而更好地发挥体育课程本身的思政教育优势和德育功能。此外,体育教师设计的体育课程思政教学目标、教学内容、教学方法等要便于学生理解和掌握,并要得到学生的认可,这样便于体育教师进一步开展融入思政教育的体育教学工作。

具体而言,在体育课程思政设计中贯彻可操作性原则需要注意以下两点要求。

第一,体育教师要立足高校体育教学实际、思政教育实际进行体育课程思政设计,基于对学生实际需求、社会发展需求等多因素的综合考虑完成进行课程思政目标设计、内容设计、方法设计以及组织实施设计。

第二,为了增加体育课程思政实施的便捷性,要结合体育课程的特点、思政教育的特点加强二者融会贯通,既要防止按思政课的模式上体育课,又要将体育课程中蕴含的丰富的思政教育元素融于体育课程内容的实施中,在具体教学过程中循循善诱,促进学生情感的升华和科学价值观的建立,在潜移默化中实现体育课程的情感、态度与价值观目标。

第二节　高校乒乓球课程思政教学目标设计

高校乒乓球课程思政是对课程思政的具体贯彻与落实,是思政教育在乒乓球课程中的生动呈现,乒乓球课程思政目标是课程思政目标在乒乓球教学中的具体化,是实施乒乓球课程思政要坚持的方向。在乒乓球教学中要充分挖掘与运用乒乓球课程中蕴含的思政元素,这是非常重要的思政教育资源,对实现课程思政目标具有重要意义。

本节将从知识与技能、过程与方法、情感态度与价值观三个维度设计乒乓球课程思政教学目标。

一、知识与技能目标

乒乓球专项课程是体育教育专业学生提升专业技术的一门专业方向课程。通过对乒乓球基本理论、基本技术、基本战术、竞赛规则及裁判法的学习,能够具备乒乓球课程教学、训练以及制裁编排实践能力。

二、过程与方法目标

在体育教育专业乒乓球专项课程教学过程中,教师要敢于创新实践,在以学生为主体的前提下,注重寓教于动、寓教于情、寓教于乐、寓教于心,通过运用多媒体、慕课等现代教育技术,采用情景教学、小组合作、趣味游戏、案例分析、分解练习等各种教学方式方法,来调动学生对乒乓球专项课程思政学习的积极性和主动性,让学生通过深入思考充分理解乒乓球专项课程思政内涵,且通过实战演练扎实掌握乒乓球的技能。

三、情感态度与价值观目标

在体育教育专业乒乓球专项课程教学中,应注意良好师生关系的构建,通过课内外、线上线下等方式增加师生之间的交流互动。在交流互动中,教师通过言传身教,用教师高尚的师德和精湛的技能感染和影响学生。另外,在专业理论知识和技能的学习过程中,可以增设一些实际案例,通过案例分析使学生共情。比如,在讲述到乒乓球发展史时,可以讲述一些为国争光的英雄人物;在讲到裁判处罚时,可以讲述某场比赛里 XX 因获胜或失败产生不文明行为时的判罚问题,以此培养学生爱国主义情怀、积极乐观、奋发向上、遵规守纪、文明礼貌、顽强拼搏、勤奋尚学等优秀品质,从而促进学生全面发展,为顺利迈入社会打下坚实基础。

第三节　高校乒乓球课程思政教学内容设计

一、高校体育课程思政教学内容选择的原则

在高校乒乓球课程思政教学中,应立足体育课程本身去选择教学内容,要基于对体育课程特点、规律和目标的综合考虑而选择。概括而言,高校体育课程思政教学内容应具有健身性和价值性、科学性和可行性、时代性和传承性以及预设性和发展性等特征。这些也是高校体育课程思政教学内容选择的基本原则,能够为高校乒乓球课程思政教学内容的选择提供参考和借鉴。下面简要分析这几项基本原则。

（一）健身性和价值性相结合

在高校体育课程思政教学内容的选择中,要树立健康第一的理念,紧紧围绕体育课程的健康目标选择内容,使大学生在体育课程学习中通过不断练习而强身健体,并提升运动能力。不同体育运动中都含有一定的思政教育资源,从中深入挖掘,巧妙融入体育知识与技能的传授中,发挥思政教育资源的引领作用,能够使大学生形成正确的价值观,形成

遵纪守法、团结友爱等道德品质,并更加独立自主、自强自信、勇敢坚毅、顽强不屈,这些道德品质和意志品质对大学生的学习、生活及未来发展具有重要意义。

(二)科学性和可行性相结合

对高校体育课程思政内容进行选择时,要根据体育学科的发展方向进行选择,教学内容应与此直接关联,并要与体育课程的特点、体育教学的规律相符。此外,各高校可以根据实际情况灵活设置与安排教学内容,但要考虑可行性,要结合学校实际进行选择,如体育教学条件、教师教学能力、学生接受能力等,只有可行性高的教学内容才能得到顺利实施,从而加快高校体育课程思政建设进程。

(三)时代性和传承性相结合

选择体育课程思政教学内容也要与时代发展步伐保持一致,与学生的生活实际相贴近,具有时代性的教学内容能够将体育课程改革的成果体现出来,使大学生跟随时代潮流、实现全面发展的需求得到满足。此外,体育课程思政教学内容还应具有弘扬与传承中国优秀传统文化的功能,在体育课程教学内容体系中纳入传统体育运动教学内容,使学生在学习中感受中华民族优秀传统文化的魅力,促进学生的文化认同和文化自信,增强其民族自尊心和自豪感。

(四)预设性和发展性相结合

在体育课程思政教学内容的设置中,科学的、成熟稳定的、思政教育资源丰富的课程内容是优先选择的对象,将满足这些条件的教学内容充实到体育教学内容体系中,既能够实现身心健康目标、知识与技能目标,又能实现思政育人目标,使体育课程思政多维教学目标的实现更有保障。此外,体育教师还要对社会发展动态多关注,将与社会发展要求相符的、能够满足大学生长远发展需要的教学内容资源引进课堂中,这样也充分体现了高校体育课程思政教学的社会适应性。

二、高校乒乓球教学内容融入课程思政的设计

（一）乒乓球理论知识融入课程思政的设计

在乒乓球理论知识传授中融入课程思政具有一定的优势，如可以在讲述中国乒乓球发展历程时讲述乒坛的重要历史人物，引入人物事迹材料，鼓舞学生的自信心。此外，可以讲述乒乓球运动对中国体育的特殊意义，启发学生参与乒乓球的积极性与自豪感，激发学生勇于担当、敢于突破、顽强奋斗、为国争光的理想信念，学习前辈刻苦训练为中国夺得荣誉的爱国主义精神。

（二）乒乓球技术技能融入课程思政的设计

在乒乓球技术技能教学中也可以融入课程思政元素，如讲述乒乓球打法及握拍方法时，引入中国乒乓球队技术创新成果案例，如直拍横打的技术创新案例，讲解握拍方法、介绍直拍横打技术，使学生对握拍方法有一定的认识，引导学生善于尝试，体验不同握拍方式。另外，通过讲述直拍横打的技术创新过程，激发学生的探索与创新意识。讲述乒乓球技术创新时，可引入直拍打法运动员刘国梁、许昕，横拍打法运动员马龙等运动员案例，介绍不同打法的特点，再逐步将教学内容过渡到不同握拍方法和打法的正确要领，帮助学生掌握正确的握拍方法。通过学习，学生能够领会中国乒乓球运动员的创新意识和勇于尝试的实践精神，从而在学习过程中变得敢于尝试、敢于实践。

总之，无论是传授乒乓球理论知识还是技能教学内容，都可以融入思政元素，在课程思政理念下组织教学活动，实施各项教学内容。乒乓球课程思政教学内容设计案例见表 5-1。

表 5-1　乒乓球课程思政教学内容设计案例 ①

	教学内容	思政融入点	预期思政效果
理论部分	（1）乒乓球运动简史 （2）击球的基本环节和动作结构 （3）球拍的种类与性能 （4）乒乓球的竞赛规则与裁判法 ……	（1）爱国主义情怀 （2）辩证法 （3）创新意识 （4）独立思维 （5）公平公正原则 （6）规则意识 （7）职业道德 ……	（1）运用提问法培养学生独立思考问题的能力，激发学生的民族自豪感（2）运用讲解法和案例分析法激发学生的学习兴趣，培养学生的思辨能力，提高学生的职业素养（3）通过观看视频录像，以培养学生的创新意识、规则意识、公平公正原则，同时增强自信……
实践部分	（1）发球与接发球 （2）攻球技术 （3）弧圈球技术 （4）直拍横打 （5）削球技术 （6）搓球技术 （7）推挡技术 （8）乒乓球各种战术和打法的训练 （9）教学比赛 （10）裁判法实践 （11）身体素质练习 ……	（1）对立与统一 （2）创新精神 （3）奉献精神 （4）爱国主义精神 （5）纪律意识 （6）团结合作精神 （7）顽强拼搏精神 （8）自强不息 （9）敢于超越 （10）竞争意识 （11）公平公正意识 ……	使用多种方法激发学生学习主动性，培养学生的创新精神，团结合作能力，奉献精神，公平公正意识以及勤学苦练、顽强拼搏、自强不息的意志品质……

三、乒乓球课程思政教学过程中教学内容的设计

乒乓球课程思政教学过程应从课前、课中以及课后三部分着手，在各个部分的教学内容组织实施中都可以巧妙地融入思政元素，可参考表5-2。

① 张晓钰.体育教育专业乒乓球课程思政元素挖掘与融入设计研究 [D].河北师范大学,2022.

表5-2　乒乓球课程思政教学过程中教学内容的设计[①]

教学过程	教学阶段	教学内容	思政教育
课前	课前预习	让学生上网搜集与本节课相关的知识内容,以达到自主预习的目的,安排本节课的值日学生	培养学生的自主学习能力、责任意识和担当精神
课中	开始部分	教师提前10分钟到达课堂,要求体委集合整队,教师清点人数,检查学生衣服穿戴,组织学生领取教学用具并摆放到位	培养学生讲文明遵礼仪,树立时间观念、纪律意识
	准备部分	教师介绍本节课的教学任务、重难点并提出要求,按照学生学号顺序安排学生带领做课前热身运动。然后组织学生用五分钟时间对课前自主学习的内容进行交流分享	提升学生学习的积极性,增加学生的自信心,增进学生之间的人际交往,提升学生的沟通交流能力
	基本部分	理论课教学:运用多媒体技术对基础理论部分,如乒乓球运动发展历史及辉煌成绩、乒乓球拍的演变、乒乓球技术要素、常用术语及击球的基本环节和动作结构等进行幻灯片演示、录像播放、图片分析讲解	
		基本技术教学:为让学生了解并掌握乒乓球运动的基本技术,运用讲解法、示范法、视频录像法等,教授发球、接发球以及推、攻、搓、削、弧圈球等各项基本技术和结合技术	使学生端正学习态度,树立坚定的理想信念,培养学生的健康心态、竞争意识、集体荣誉感、团结协作精神以及不屈不挠、追求卓越、勇攀高峰等精神
		基本战术教学:为了让学生掌握并娴熟运用乒乓球运动的基本战术,提升学生的比赛水平,运用分组练习、情景模拟、比赛法、游戏法等多种教学方法教授乒乓球运动基本战术,如:发球抢攻球战术、对攻战术、拉攻战术等	培养学生的辩证性思维,独立思考能力,自主学习能力,分析问题、解决问题的能力和勤奋好学、顽强拼搏、积极进取的精神

① 郝鑫.郑州大学体育教育专业乒乓球专项课程思政教学设计研究[D].郑州大学,2022.

续表

教学过程	教学阶段	教学内容	思政教育
		竞赛规则和裁判法教学：为让学生学习并掌握竞赛规则、竞赛的组织与编排以及裁判法，则通过播放视频录像、情景模拟、组织比赛、现场观摩点评等方式进行教授	提升学生学习的热情，培养学生严肃认真、公平公正的执裁能力，培养学生的遵规守纪意识、职业道德和敬业精神
	结束部分	集合整队，教师讲评，学生互评，评选本节课训练标兵，而后安排体委带领学生进行放松性训练。宣布下节课教学内容，布置课后作业，师生行礼再见，值班学生留下来清整训练场地卫生	培养学生讲文明遵礼仪的良好品质和奉献精神，激励学生勇于争先、积极进取
课后	课后预习	认真完成教师布置的课后作业，加强已学技能练习，并做好下节课内容的预习	培养学生学习的主动性和自觉性
	课程拓展	邀请校内高水平运动员到课堂，开展乒乓球交流赛，实现以赛代练、以赛促学，在竞赛中弘扬国球精神	激发学生学习兴趣，在竞赛中磨炼学生意志品质，培养学生顽强拼搏、敢于争先、自立自强、奋发向上的优秀品质
		邀请乒乓球方向的精英走进课堂进行授课、指导	通过榜样作用来提高学生学习的积极性，培养学生顽强拼搏、团结协作、为国争光的体育精神

第四节 高校乒乓球课程思政教学方法设计

一、融入课程思政的乒乓球问题探究教学法

乒乓球教师在线上发布学习任务，如搜集乒乓球运动推进文化交流事件（如海外乒团、筑梦行动等），学生收集与整理资料，在线上提交切入视角资料。教师汇总学生的资料与学习心得，统计学生的切入点，将观

点相近的学生分为同一学习小组,共同讲述与讨论案例。班级学生被分为若干小组,各小组阐述与说明观点,以案例学习与班级讨论的形式带领学生了解中国乒乓球的奋斗历史,学习乒乓球运动员的奋斗与拼搏精神,引导学生坚定信念,把握当下,为美好的明天奋斗。

二、融入课程思政的乒乓球情景教学法

在乒乓球教学的开始部分,可设计一些具有仪式感的环节,如奏国歌,从而导入情景,增强学生的感受和体验,激发学生的爱国情感。也可以在乒乓球教学场地悬挂口号标语等,这些教学场景无不包含着思政元素,使学生沉浸在思政教育的氛围中,能够提高乒乓球课程思政的教学效果。

三、融入课程思政的乒乓球合作性学习法

在乒乓球课堂上组织热身活动时,让学生通过轮流领带做慢跑、热身操和游戏等练习,培养学生的责任意识和组织能力,提高学生的课堂参与度。在基本部分的教学组织中将学生分为若干小组,以小组为单位开展主题汇报活动。教师讲述历史事件,各小组讨论与汇报主题展示任务,如"中国乒乓,世界共享"的发展理念对乒乓球的发展具有哪些意义等,使小组学生相互合作,组与组有效沟通,从不同视角切入完成汇报任务,从而提高学生课堂参与的积极性、自主探究的热情,增强团结意识以及合作学习的能力,并培养学生的实践能力。

第五节 高校乒乓球课程思政教学评价设计

当前,一些乒乓球教师习惯沿用传统的考评方式,即技能达标测试＋理论笔试,这体现了乒乓球教学重技能轻育人的弊端,忽略了学生综合素质的考评,不利于学生全面发展。对此,建议将乒乓球考评模式改为教师评价、学生自评、学生互评相结合,在评价指标体系中纳入学生的思想素质表现,从而培养学生的优秀思想道德品质和综合素养,实现课程思政目标。

一、高校乒乓球课程思政教学评价方法设计

(一)教师评价

在高校乒乓球课程教学中,教师在对学生进行知识与技能等基本评价的基础上,增加思政素养评价,激励学生全面发展。在进行思政素养评价时,可以结合学生课前是否有主动预习,课上是否有独立思考、自觉练习,在教学比赛中是否积极进取、奋勇争先、公平公正竞争,在组织练习时是否积极协作配合、主动奉献等多个方面进行评价。课后可以通过谈话或问卷的方式了解学生对乒乓球知识技能的掌握情况以及对乒乓球思政元素的理解能力,以便及时发现问题,积极引导学生,并为下一阶段的课程思政教学设计提供参考。

(二)学生互评和自评

高校乒乓球教师在实施乒乓球课程思政教学时,应采用换位教学法、分组教学法等,让学生由被动接受变成主动学习,积极参与教学活动。在考评环节,运用学生互评打分的方法,从而培养学生公平公正的意识和客观分析与借鉴问题的能力。

学生互评应与学生自评结合起来,学生自评不同于传统意义上的课后反思,这种评价方式要贯穿整个乒乓球教学过程中,从而使学生端正学习态度,自觉克服自身不足,实现全面发展。

二、高校乒乓球课程思政多维度教学评价

高校乒乓球课程思政是体育课程思政的重要组成部分之一,在乒乓球课程思政教学评价中,建立多维度教学评价指标体系具体可参考高校体育课程思政评价指标体系,对评价指标的细节要严格把关,要在具体

评价操作中逐一落实。具体操作维度应包含教学过程、课程传授、思想引领、身心及人格素质培育以及社会和谐稳定共 5 个维度,每个维度各自包含不同的指标,如图 5-1 所示。

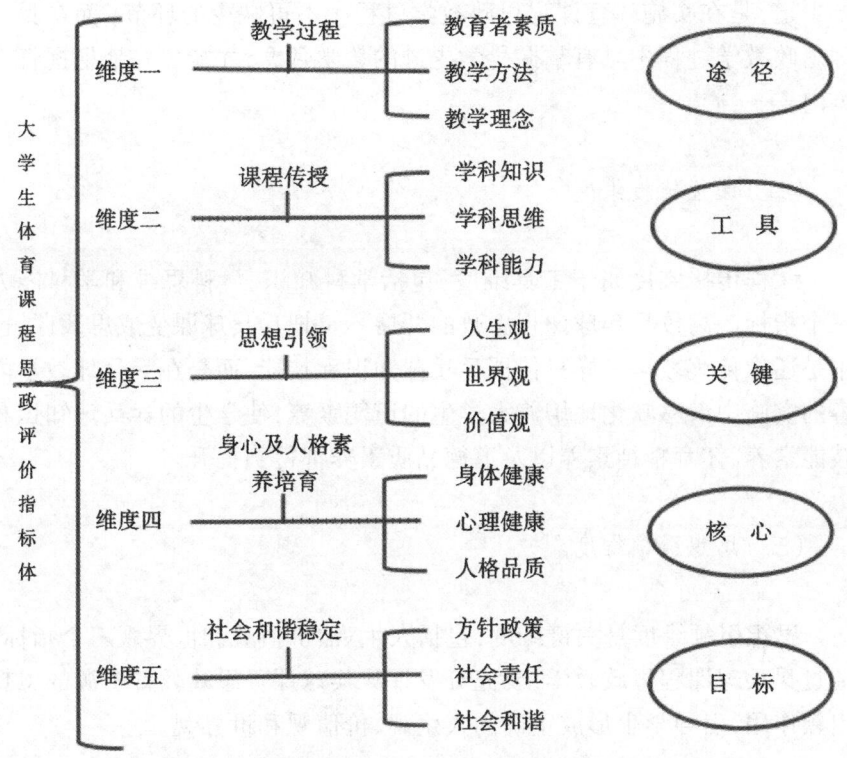

图 5-1　高校体育课程思政评价指标体系[①]

高校体育课程思政评价指标体系是结合体育课程思政的特征建立起来的,它并没有脱离原有的课程评价指标体系框架,只是进一步体现了体育课程中的思政育人目标。图 5-1 所示的体育课程思政评价指标体系对高校乒乓球课程思政教学评价具有启示意义,可参考该体系,结合乒乓球教学的特征进行乒乓球课程思政教学评价。

(一)教学过程维度

教学过程维度也是途径维度,该维度包括教育者自身素质、教学方

① 刘慧敏.高校体育课程思政设计研究 [D].哈尔滨工程大学,2020.

法和教学理念三个指标。

乒乓球教师自身素质是实施乒乓球课程思政教学、实现育人目标的最基本的要素；乒乓球教学方法作为传递乒乓球教学内容信息的重要渠道，是在实施体育课程思政教学过程中不可缺少的环节；而在乒乓球思政教学过程中只有掌握科学先进的教学理念，才能更好地把握育人方向。

（二）课程传授维度

课程传授维度属于工具维度，包括学科知识、学科思维和学科能力三个指标。高校乒乓球课程思政的开展不是把乒乓球课变成思政课，也不是还像传统教学一样只传授乒乓球知识和技能，而是在乒乓球教学内容的实施中潜移默化地培养大学生的道德素养，使学生的乒乓球知识和技能素养、体育精神素养以及道德品质素养都得到提升。

（三）思想引领维度

思想引领维度是关键维度，包括人生观、价值观和世界观三个指标，通过乒乓球课程思政教学，要充分发挥乒乓球课程思政教育资源的思想引领作用，引导学生形成正确的人生观、价值观和世界观。

（四）身心及人格素养培育维度

身心及人格素养培育维度是核心维度，通过乒乓球课程教学要促进学生身体健康、心理健康以及人格素养的提升，这既符合体育学科的特征，又是实施课程思政的要求。

（五）社会和谐稳定维度

社会和谐稳定维度是目标维度，指明高校体育课程思政的最终目标是回归于社会主义的和谐稳定。乒乓球课程作为体育课程的一部分，同样要通过课程思政教学促进社会和谐稳定，为社会主义建设贡献力量。

第六章　课程思政视域下高校乒乓球课程教学实践指导

乒乓球运动是隔网对抗球类运动,制胜的核心因素是乒乓球技战术。技术是战术的基础,在高校乒乓球技能教学中要以技术教学为基础,在积累一定技术基础的条件下进行战术教学。需要注意的是,乒乓球技术和战术密不可分,因而在乒乓球实践教学中将技术教学与战术教学有机结合也很重要。在乒乓球技术教学、战术教学以及技战术融合教学中,要伺机渗透课程思政理念,将乒乓球课程思政教学落到实处,从而在提升大学生乒乓球技能水平的同时不断振奋大学生的体育精神,修炼大学生的体育道德情操,促进大学生全面发展。本章主要在课程思政视域下对高校乒乓球技战术教学实践指导进行研究。首先分析乒乓球技战术的基本原理知识,然后重点对乒乓球技术教学和战术教学进行研究,最后提出将课程思政融入乒乓球技战术教学中的建议。

第一节　乒乓球技战术原理分析

一、乒乓球技术原理

（一）乒乓球击球技术的结构

1. 站位

乒乓球击球技术中,最开始的阶段是站位,运动员在对适宜的击球位置加以选择的时候,要先明确自己即将采用什么击球方式,所选的位置要为接下来的击球提供方便。

乒乓球比赛是一个动态过程,场上瞬息万变,因此乒乓球运动员的位置并不是固定的,即使最初已经选好了击球位置,在比赛中还是要根据来球的变化而调整位置的,这就对乒乓球运动员预判来球的能力提出了一定的要求,预判的内容包括来球的速度、旋转性质以及落点。预判后根据需要快速移动来改变击球位置,然后在最佳位置上采用最佳击球方式。

2. 引拍

选好击球位置后,接下来的环节就是击球准备动作——引拍。引拍是否合理,直接关系到能量储备是否充足,功能性准备是否已经做好,只有能量充足,做好充分的功能性准备,才能更好地为之后的正式击球提供便利,提高击球质量。因此,合理引拍非常关键。引拍时要特别注意角度与幅度两个因素,它们直接关系到是否能够有效击球和击球质量是否理想的问题。在乒乓球比赛中,运动员的身体重心是不断变化的,这会对引拍动作起到控制效果。

3. 挥拍击球

引拍动作完成后,手臂固定在一定位置,从这时起到球拍将来球击中为止的过程就是迎球挥拍。这个动作阶段的核心是运动员持拍手前臂快速收缩,为了使挥拍更加稳定,提高挥拍质量,运动员还需要根据来球情况调整身体重心。选位、引拍、挥拍都是击球的准备工作,都是为了高质量地完成球拍触球回击动作。乒乓球运动员通常选用的触球方式既有摩擦也有撞击,而且在击球时身体各部位协同配合,共同发力,这有效促进了击球稳定性和质量的提升。

4. 随势挥拍及动作还原

在击球技术的完整过程中,最后的阶段就是随势挥拍和动作还原。随势挥拍这个动作直接关系到击球弧线的形成,完整的击球动作必须要有这个环节,完成好这个动作有助于有效实现预期的击球效果。

动作还原:这是保障击球连续性的必要动作,只有先还原身体重心和击球动作,重新调整准备姿势,才能更好地完成接下来的击球。

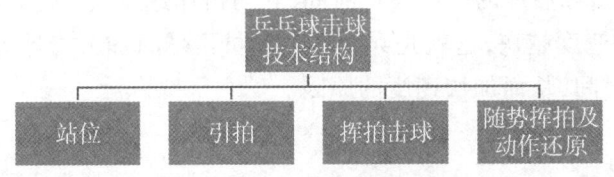

图 6-1 乒乓球击球技术结构

(二)乒乓球技术的要点

乒乓球技术具有五个关键要素,如图 6-2 所示。

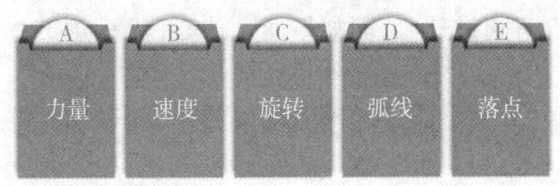

图 6-2 乒乓球技术的五个要点

1. 力量

在乒乓球运动中,击球力量是击球速度和球在空中旋转的基础,球在空中的飞行速度和旋转又直接反映出击球力量的大小。运动员运用球拍对球体施加力量后,在瞬间球拍与触球点相互作用,从而使球的运动方向、飞行速度发生了改变。从物理学的角度来看,球拍质量与挥拍加速度二者之积就是击球力量。提高挥拍加速度是增加击球力量的重要方法。

2. 速度

乒乓球运动的击球速度主要由以下两个因素决定。

第一，还击来球的时间。在击球力量一定时，还击来球时间的长短直接影响击球速度。二者成反比，即这部分时间越短，速度越快，这就是运动员通过打球的高点期来加快速度的原因。

第二，击球后球的空中飞行时间，它与击球速度成反比，即这段时间越短，击球速度越快，这就是乒乓球运动员击球时加大击球力量以缩短球的飞行时间，从而加快速度的原因。

3. 旋转

球产生旋转的基本原因在于摩擦力，即球拍触球后产生的与拍面平行的力。与球旋转相反的一种运动状态是球平动，而球平动的基本原因在于前进力，也就是球拍触球后产生的与拍面垂直的力。前进力和摩擦力是击球时作用力的两个分解力量，它们的产生与力臂有关，也就是击球时力的作用线与球心的垂直距离。力的作用线与球心之间有距离，说明作用线并没有通过球心，而如果通过球心，就不会产生力臂，也就不会产生旋转。

4. 弧线

乒乓球运动中，球的飞行弧线主要受以下两个因素的影响。

第一，球的出手角度，它指球飞行弧线的切线与水平面的夹角。击球时的拍面角度、发力情况、来球旋转情况都会影响球的出手角度。

第二，球的出手速度，它是指球离开球拍时的瞬时速度。乒乓球运动员的击球力量决定了球的出手速度。

以攻球为例来解释球的出手速度与出手角度对球飞行弧线的影响。球的出手角度不足 45° 时，出手速度与弧线曲度成反比，速度越大，曲度越小。球的出手速度固定不变时，出手角度与弧线曲度成正比，角度越大，曲度越大。

5. 落点

作为综合性概念的落点既是乒乓球技术的主要构成部分，也是乒乓球战术的构成因素，同时它也是上面四个要素的集中体现和综合反映。

在乒乓球运动中,要通过控制落点来取得好的技术效果和战术效果,就要对力量、速度、旋转及弧线四个因素之间的关系进行综合处理。

二、乒乓球战术原理

(一)乒乓球战术的概念

乒乓球战术指的是乒乓球运动员在比赛中根据双方情况对自己的体能合理分配,将自身的特长技术充分发挥出来以制约对方,且以战胜对手为目的而采用的合理计策与有效行动的总和。①

(二)乒乓球战术的内容

乒乓球战术包含的主要内容结构如图 6-3 所示。

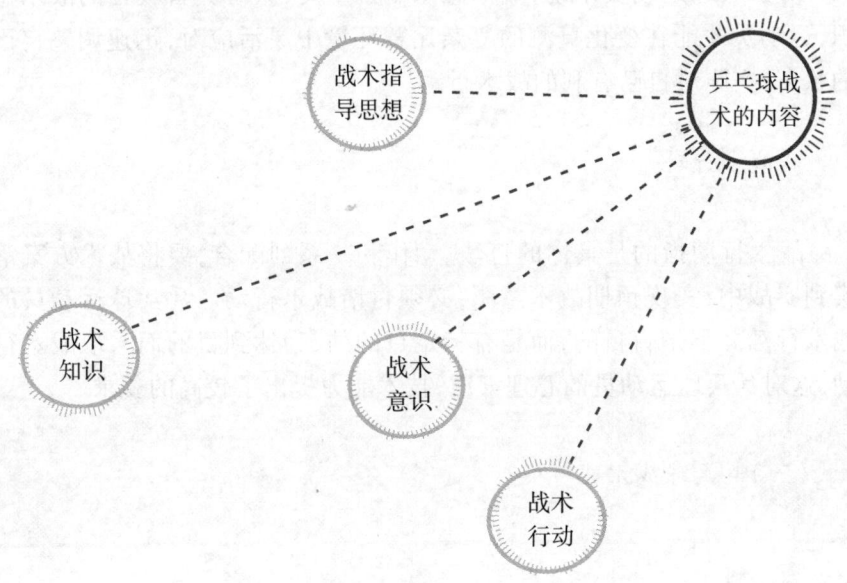

图 6-3　乒乓球战术的内容结构

---

① 苏丕仁.乒乓球运动教程[M].北京:高等教育出版社,2004.

1.战术指导思想

在乒乓球战术结构内容体系中,指导思想居于核心地位,指导思想是否正确,直接决定了战术行动的针对性与实效性是否很强,进而决定了比赛成绩。

2.战术知识

战术知识包括战术的分类、表现形式、发展趋势、运用条件与实施原则等与战术有关的丰富知识,掌握好这些知识,能够为科学制订与有效实施战术方案奠定良好基础。

3.战术意识

对乒乓球运动员来说,战术意识非常重要,只有具备较强的战术意识,运动员才能在变化莫测的复杂比赛环境中灵活应对,迅速调整自己的状态,实施对自己有利的战术行动。

4.战术行动

战术行动指的是具体的打法、动作和一系列配合,要将战术方案落实到实战中,实现预期战术意图,必须付诸战术行动。乒乓球运动员的战术行动并不是盲目的,而是有特定目的的,为达到目的而采取战术行动,这对乒乓球运动员的心理素质、技术能力提出了较高的要求。

(三)乒乓球战术的特征

1.思维与行动的统一性

乒乓球战术既是思维方法的范畴,也是行为方法的范畴。

首先分析作为思维方法的战术,它包括战术指导思想、战术意识、战术理念等内容。乒乓球运动员在实战中要实施某种战术方案,完成具体的战术行动,都要以战术指导思想为准则,战术方法的使用效果直接受战术指导思想的影响。乒乓球比赛环境复杂多变,运动员既要将既定战术发挥出来,又要根据赛场情况灵活采取新战术,而运动员能否做到这一点,与其战术意识的强弱有关。乒乓球运动员的战术理念是否先进,决定了其在实战中采取战术行动的态度与决策。

简单来说,作为行为方法的战术主要包括各个比赛阶段中的具体打法和配合行动。

乒乓球战术既是思维方法,也是行为方法,二者有密切的关系,一般用"决策和实施决策"来解释这种关系。二者的关系在赛场上呈现出以下几方面的特征。

首先,乒乓球比赛瞬息万变,因此运动员必须快速形成相应的战术思维,战术行为也必须快速完成,这就是说要在瞬间内完成决策并实施决策。

其次,乒乓球运动员在比赛中的决策并不是从众多决策中精心挑选出来的,因为比赛时间紧迫不允许运动员进行长时间的思考与选择,他们最终的决策都是"只能这样"的唯一选择。

最后,乒乓球战术既具有逻辑性,又具有直觉性,虽然乒乓球运动员在比赛中选择战术都是瞬间的决定,但是在比赛之前就经过缜密的思考构建了战术体系,战术体系中每个战术都是运动员结合实战经验进行逻辑思考的结果。但如果比赛形势出乎意料,超出运动员的预测,运动员就会凭借直觉思维的引导而采取战术行动,这就是乒乓球战术的直觉性。乒乓球战术的直觉性增加了乒乓球战术意识培养的难度。

2. 计划性与可变性

一些重大乒乓球比赛的举办日期确定后,教练员与运动员为迎接比赛,都会投入一系列的准备工作中,其中制订战术计划就是准备工作中非常重要的一个内容。经验丰富的教练员与运动员尤其重视对战术计划方案的制订。在战术计划的制订中,制订者会根据自己了解的信息估计对方的竞技实力,同时对比赛环境、条件等客观因素做出判断。运动员是否科学制订战术计划一定程度上对比赛中战术运用效果及比赛成绩有直接的影响。

任何计划都是根据预测拟定的,但乒乓球比赛中总会出现一些事先无法预料的形势,即使计划再详细、再周密,也会与瞬息万变的乒乓球比赛实况有差别,面对意料之外和计划之外的事件,要灵活调整计划,随机应变,而不能机械性地实施原计划,否则就会严重影响技战术的发挥和比赛成绩。

鉴于乒乓球战术既有计划性,又有可变性,在战术计划制订中要做到以下两点要求。

第一,发挥自己的优势,用自己的长处攻对方的短处,同时限制对方发挥自己的长处,这就需要运动员在制订计划时对彼方情况及自身长处有充分的了解,使战术计划具有可靠性、客观性和针对性。

第二,制订计划时要留下一定的调整空间,弹性化地实施计划,因为比赛现场情况复杂多变,所以要根据实际情况灵活调整计划,使计划与场上情况基本相符,这样才能充分发挥战术的功效,同时也能使运动员的创造性和应变能力得到提升。

（四）乒乓球战术的制定

乒乓球教练员或运动员制定乒乓球战术时,需要对以下四个方面的要素予以考虑。

1. 考虑战略决策因素

乒乓球战略决策与战术决策有着密切的关系。参加乒乓球比赛时,针对比赛中的全局问题所进行的决策就是所谓的战略决策。决策者是否了解比赛的全局问题,直接决定了战略决策的水平。要提高战略决策的水平,就要求决策者全面深入地分析比赛的全局问题,包括比赛的赛制、参赛者数量、如何记录比分成绩与排名、比赛中常见问题及解决方案、采取何种战术打法等。

乒乓球战术决策是决策者针对比赛中的局部问题或具体情况而进行的决策,如确定好以进攻为主或以防守为主的打法后,进行如何进攻或如何防守等有关具体方法的决策。

乒乓球战略决策具有宏观性质,稳定性较强,而战术决策具有微观性质,稳定性相对较差,而灵活性较强。要实现战略决策,必须先实施战术决策。

2. 考虑乒乓球竞赛规则与规程

乒乓球竞赛规则与规程对乒乓球战术的制定既有引导作用,也有制约效果。例如,利用规则中关于轮换的规定调整战略与战术,以提高运动员体力与能力分配的效率。

3. 考虑对手情况

"知己知彼,百战不殆",制定乒乓球战术,必然要收集关于对手的重要信息,信息尽可能准确、全面,并及时更新信息,全面掌握这些有价值的信息有助于制订出能够在比赛中发挥出巨大作用的战术计划。

在不同层次、不同水平以及不同规模的乒乓球比赛中,搜集、整理与分析对手的情报都是必需的,为了提高收集效率,减轻这一环节的工作负担,在信息的收集中要明确哪些是主要信息,优先收集主要信息,如对手是谁,竞技能力如何,以往比赛成绩如何,个人风格是什么,攻防上有哪些特点,比赛节奏如何,教练员是谁以及执教能力如何,等等。在充分掌握了关键信息的基础上,可以从正面或侧面了解一些附属信息,以全面进行评价与预测,制定出完备的战术。

4. 考虑环境因素

在乒乓球比赛中,除了运动员自身的主观因素会影响比赛成绩外,比赛环境、条件等客观因素也会对运动员的发挥及成绩带来重要影响。因此在乒乓球战术的制定中要充分考虑比赛场地、观众、裁判、气候等环境因素,尽可能实现天时、地利、人和的统一,充分利用良好的环境因素来提高比赛成绩,并有意识地预防不良环境因素带来的负面影响。

第二节　高校乒乓球专项课技术教学指导

一、发球

（一）正反手低抛发球

（1）正手或反手发右半台转不转短球。

（2）正手或反手发左半台转不转短球。

（3）正手或反手发右半台组合长短球。

（4）正手或反手发左半台组合长短球。

（二）正反手半高/高抛侧上下旋

（1）正手或反手发右半台侧下旋组合长短球。

（2）正手或反手发左半台侧上旋组合长短球。

（3）正手或反手发全台两大角侧上旋长球。

（4）正手或反手发中路侧下旋半出台球。

（三）正手发右侧旋

（1）发右半台正手位两点短球。

（2）发左半台反手位两点半出台球。

（3）发反手位半台不定点组合长短球。

在发球练习中要注意以下几点要求。

（1）多套路发球动作要确保稳定、准确，要对 1～2 套发球技术达到熟练掌握程度，并突出个人风格。

（2）正确理解发球旋转的原理，对发球后的衔接技术套路有清晰定位。

（3）从弧线、速度、旋转、隐蔽四个方面提高发球质量。具体要求为：出球弧线要低、要稳,保证命中率；出球速度要快,有突然性；在上述基础上要求有旋转变化和组合；最后做到技术动作隐蔽、有真假动作组合。

二、接发球

（一）接侧旋 / 上旋类长球

（1）反手快拉、攻接左半台 2/3 台不定点。
（2）侧身快拉左 2/3 台不定点。
（3）正、反手接全台不定点。
（4）正、反手拉接全台一边一板。

（二）接侧下旋类长球

（1）正、反手拉接全台一边一板。
（2）反手搓 / 侧搓接左半台不定点。
（3）侧身拉冲接左 2/3 台不定点。
（4）反手拉接左半台不定点。
（5）正、反手拉接全台不定点。

（三）接侧上下旋半出台结合长球

（1）正手拉接中间位不定点。
（2）反手台内攻接左 2/3 台不定点。
（3）反手台内侧拉接左 2/3 台不定点。
（4）反手侧搓接左 2/3 台不定点。
（5）侧身拉接左 2/3 台不定点。

（四）接转不转短球

（1）正、反手台内攻接全台不定点。

（2）侧身台内攻接左 2/3 台不定点。

（3）正、反手搓长接全台不定点。

（4）正、反手搓短接全台不定点。

（5）反手挑打左 2/3 台不定点。

（6）侧身挑打左 2/3 台不定点。

在接发球练习中要注意以下几点要求。

（1）对发球旋转、落点的动作原理要有清晰定位，这对提高预判的准确性很有帮助。

（2）能够果断选择并熟练完成实施接发球技术所需要的步法。

（3）预想接发球后的衔接技术，保证一套技术的连贯性。

三、正手攻

（一）单线定点

1. 一推一攻

（1）主练在左半台侧身位攻对方左半台斜线，直拍推挡方站左半台进行定点连续防守。

（2）主练在右半台正手位攻对方右半台斜线，直拍推挡方站右半台进行定点连续防守。

2. 正手对攻

（1）双方同时站左半台侧身位定点连续斜线对攻。

（2）双方同时站右半台正手位定点连续斜线对攻。

（3）一方站右半台正手位定点连续攻对方左半台直线，另一方站左半台侧身位连续攻对方右半台直线。

（4）双方同时站中路位定点连续对攻。

3. 练习要求

（1）稳定控制线路落点,技术环节合理、准确。

（2）单球单练可以按组进行,每组若干回合,每个回合都要尽可能保证技术规范合理。

（3）在熟练进行单球单练的基础上进行多球单练,这样可以使击球力量更大、击球速度更快。

（二）复线多点

1. 两点移动攻

（1）陪练方站右半台正手定点连续攻对方直线左半台两点位,主练方站左半台做侧身位两点连续移动攻。

（2）陪练方站右半台正手定点连续攻对方斜线右半台两点位,主练方做正手两点连续移动攻。

（3）陪练方站左半台反手定点连续拨对方斜线左半台两点位,主练方站左半台做侧身位两点连续移动攻。

2. 三点扑右

（1）陪练方站左半台,定点反手依次对对方全台右、中、左三点连续拨,主练方站右半台正手位开始击球,往左半台方向移动,在正手位、中路和侧身位各击球一次,侧身位击球后直接用交叉步扑右半台正手位,再从正手位开始有规律地重复进行三点扑右攻。

（2）陪练方站左半台,定点反手依次对对方全台中、左、右三点连续拨,主练方站中路位开始击球,往左半台方向移动,在侧身位击球后直接扑右半台正手位,再从中路位开始重复进行三点扑右攻。

3. 三点移动攻

（1）陪练方站左半台反手定点连续拨对方全台右、中、左三点，主练方站右半台开始击球，往左半台方向跑动，做全台有规律三点正手连续移动攻。

（2）陪练方站右半台正手定点连续攻对方全台右、中、左三点，主练方站右半台开始击球，往左半台方向跑动，做全台有规律三点正手连续移动攻。

4. 练习要求

（1）在单线练习初期，陪练方回球力量较小，节奏比较匀速，控制好击球位置和节奏，为主练方稳定击球提供良好的条件。

（2）练习水平逐渐提高，击球速度可逐渐加快，回球频率也相应增加。

四、反手攻

（一）单线定点

（1）双方站左半台反手位，同时进行斜线定点连续拉。

（2）双方站左半台反手位，同时进行斜线定点连续推挡或攻。

（3）主练方站左半台反手位，进行近台定点连续推挡或攻球，陪练方进行正手位或侧身位的定点正手攻。

（二）复线多点

（1）主练方站左半台，反手位两点跑动连续推或反面攻，陪练方站左半台反手定点连续推或攻。

（2）双方站左半台反手位，进行斜线半台不定点连续推挡或攻。

（3）直拍主练方站左半台反手位，进行不定点连续推挡或反面攻，陪练方站左半台反手定点连续推或攻。

在反手攻练习中要注意以下几点要求。

（1）在直拍打法的反手对练中,对推挡和反面攻的转换手法要熟练掌握,灵活转换握拍手指,要保证动作交替的协调性。

（2）在横拍打法的反手对练中,要主动调整击球速度、节奏,促进不同节奏下击球命中率的提升。

五、正、反手拉球

（一）单线定点

1.练习方法

（1）主练方站左半台,侧身定点连续拉陪练方左半台反手位或陪练方直线右半台正手位。

（2）主练方站右半台,正手定点连续拉陪练方右半台正手位或陪练方直线左半台反手位。

（3）主练方站左半台,反手定点连续拉直线陪练方右半台正手位。

（4）主练方站左半台,反手定点连续拉斜线陪练方左半台反手位。

（5）全台五条线路的中远台定点同时对拉。

2.练习要求

（1）在单球单练中,保持一定弧线进行多回合击球练习。

（2）在多球单练中,进行多回合连续跑动拉球练习,适时调整拉球的力量、速度。

（二）复线多点

1. 练习方法

（1）两点拉

①陪练方站左半台反手防直线，主练方站右半台正手两点移动连续拉。

②陪练方站左半台反手防斜线，主练方站左半台反手两点移动连续拉。

③陪练方站右半台正手防直线，主练方站左半台侧身两点移动连续拉。

④陪练方站左半台反手防斜线，主练方站左半台侧身两点移动连续拉。

⑤陪练方站右半台正手防斜线，主练方站右半台正手两点移动连续拉。

（2）半台不定点拉

①陪练方左半台反手定点防主练方左半台斜线，主练方进行左半台反手不定点移动拉。

②陪练方左半台反手定点防主练方左半台斜线，主练方进行左半台侧身不定点移动拉。

③陪练方右半台正手定点防主练方右半台斜线，主练方进行右半台正手不定点移动拉。

2. 练习要求

（1）在单球练习中，以移动拉球练习为主，练习要有规律，陪练方保持平稳的防守节奏，控制好落点，主练方回击球动作要协调、连贯。

（2）移动拉球练习也可以在无规律状态下进行，这就要求练习者注意力高度集中，准确判断来球方向，然后根据判断采用正确的步法和击球手法，提高击球质量，进行多回合的高质量练习。

六、攻、拉机会球

（一）快/慢攻上旋高球

（1）主练方在右 2/3 台位正手快/慢攻打，另一方站右半台正手放上旋高球。

（2）主练方在左半台正手快/慢攻打，另一方全台一边一板放上旋高球。

（3）主练方在左 2/3 位侧身快/慢攻打，另一方站左半台反手放上旋高球。

（4）主练方全台快/慢攻打，另一方全台一边一板放上旋高球。

（二）拉冲综合旋转球（与削球打法对练）

（1）主练方在右半台位正手两点跑位拉冲，另一方站右半台正手削半高球。

（2）主练方在左 2/3 位侧身拉冲，另一方站左半台反手削半高球。

（3）主练方全台不定点拉冲，另一方站全台削或放半高球。

攻、拉机会球的练习要求如下。

（1）在左、右半台上旋球的练习中，攻打方击球力量保持中等水平，防守方对此力量逐渐适应后，攻打方将击球力量逐渐加大。

（2）在全台上旋球的练习中，攻打方先进行定点攻打，落点以中间位为主，防守方对此落点逐渐适应后，再不断变化落点，加大练习范围。

（3）削球选手作陪练方，削各种加转半高组合机会球，主练方进行发力攻/拉练习，定点和不定点练习都要尝试。

七、搓球

（一）单线定点

（1）双方左半台定点对搓短球。

（2）双方右半台定点对搓短球。

（3）双方站左/右半台，同时做正手或反手的直线对搓长球。

（4）双方站左/右半台，同时做正手或反手的斜线对搓长球。

（5）双方站中路位正手或反手对搓长/短球。

（二）复线多点

1. 一点搓两点

（1）陪练站右半台正手位搓直线长球到主练左半台两点。

（2）陪练站右半台正手位搓斜线长球到主练右半台两点。

（3）陪练站左半台反手位定点搓主练全台两大角一边一板长球。

（4）陪练站右半台正手位定点搓主练全台两大角一边一板长球。

（5）陪练站左半台反手位定点搓斜线长球到主练左半台两点。

（6）陪练站左半台反手位定点搓直线长球到主练右半台两点。

2. 全台不定点搓

（1）双方全台不定点对搓短球。

（2）双方全台不定点对搓长球。

搓球练习中要注意以下几点要求。

（1）定点对搓时，要注意步法起动和还原的连贯性，并灵活调整身体重心，搓转、加转、不转时要区别对待，灵活应变。

（2）进行搓长球练习时，要搓到底线位，达到出球急、弧线长、下沉快等基本要求。搓短球时要搓到近网位，做到出球弧线平、球落台后带停顿并下沉等基本要求。

八、削球

（一）正反手位稳削

（1）主练站正手位右半台两点削对方右半台定点拉。
（2）主练站反手位左半台两点削对方左半台定点拉。
（3）主练站正手位右半台不定点削对方右半台不定点拉。
（4）主练站反手位左半台不定点削对方左半台不定点拉。
（5）主练站正手位右半台不定点削对方右半台两点拉。
（6）主练站反手位左半台不定点削对方左半台两点拉。

（二）正反手搓削长短球

（1）主练站正手位右半台定点一搓一削,对方右半台定点一拉一搓。
（2）主练站反手位左半台定点一搓一削,对方左半台定点一拉一搓。
（3）主练站正手位右半台两点一搓一削,对方右半台两点一拉一搓。
（4）主练站反手位左半台两点一搓一削,对方左半台两点一拉一搓。
（5）主练站正手位右半台不定点搓削,对方右半台不定点无规律搓拉组合。
（6）主练站反手位左半台不定点搓削,对方左半台不定点无规律搓拉组合。

（三）正反手削一拉一攻

（1）主练站正手位右半台定点削对方右半台定点一拉一攻。
（2）主练站反手位左半台定点削对方右半台定点一拉一攻。
（3）主练站正手位右半台两点削对方右半台两点一拉一攻。
（4）主练站反手位左半台两点削对方右半台两点一拉一攻。
（5）主练站正手位右半台不定点削对方右半台不定点无规律拉攻组合。

（6）主练站反手位左半台不定点削对方右半台不定点无规律拉攻组合。

（四）正反手削中反攻／拉

（1）陪练站左半台进行侧身不定点连续拉，主练全台两大角一边一板削 3～4 板后反拉。

（2）陪练站右半台进行正手不定点连续拉，主练全台两大角一边一板削 3～4 板后反拉。

（3）陪练全台不定点连续拉，主练反手削 2 板正手削一板后正手位反拉。

（4）陪练全台不定点连续拉，主练反手削 2 板正手削一板后侧身位反拉。

（五）正反手搓／削中抢攻

（1）陪练站右半台进行正手不定点摆短搓长，主练站右半台正手不定点搓／削 2～3 板后伺机抢攻。

（2）陪练站左半台进行反手不定点摆短搓长，主练站左半台反手不定点搓／削 2～3 板后伺机抢攻。

（3）陪练全台正反手不定点摆短搓长，主练站全台不定点搓／削 2～3 板后伺机抢攻。

（六）正反手两面削后顶拉冲

（1）陪练站右半台正手拉主练方两大角一边一板后拉冲中路，主练两面削后顶中路拉冲。

（2）陪练站右半台正手拉主练右半台不定点后拉冲直线，主练正手连续削后顶反手位拉冲。

（3）陪练站左半台侧身拉主练左半台不定点后拉冲直线，主练反手连续削后顶正手位拉冲。

（4）陪练中间位不定点连续拉主练中路后拉冲两大角任意一点，主练中路连续削后顶两角拉冲。

削球练习中要注意以下几点要求。

（1）进行正反手位的稳削练习时，陪练方的进攻尽量稳定，包括力量稳定、旋转稳定。主练方要根据对方挥拍的力度、方向等准确判断来球的旋转、弧线和落点。

（2）进行搓削结合练习时，主练方要对多种削球技术予以熟练掌握，清楚加转与不转的旋转差别，灵活掌握不同落点的落点击球方式。

（3）进行搓削中抢攻或反拉练习时，主练方要灵活结合防守搓削技术与抢攻反拉技术，对陪练方的回球要准确作出预判，并合理控制削球落点、旋转和节奏，想方设法降低对方回球质量，伺机进攻，为实施抢攻和反拉创造条件。

第三节　高校乒乓球专项课战术教学指导

在乒乓球实战比赛中，对战术的合理运用是充分发挥技术作用的关键。在乒乓球教学与训练中，只有带着强烈的战术意识去学习与练习，才能真正将实用的技术熟练掌握好。乒乓球技术与战术密不可分，技术是战术的基础，反过来先进的战术也会促进技术水平的提高，因此在高校乒乓球教学中也要将战术教学重视起来，以有效提升大学生的技战术水平以及在实战中灵活运用技战术的技巧能力。

一、发球抢攻战术

（一）第一、三板的衔接

1. 练习内容

（1）单一发球后的抢攻或抢拉
①单一发球后，对固定线路的抢攻或抢拉。

A. 主练方发近网中间偏右下旋短球,陪练方正手搓接或挑打至对方正手位,主练方正手伺机抢攻或抢拉。

B. 主练方发近网中间偏右下旋短球,陪练方正手搓接或挑打至对方反手位,主练方反手伺机抢攻或抢拉。

C. 主练方发近网中间偏左下旋短球,陪练方反手搓长或反手挑打至对方反手位,主练方侧身正手伺机抢攻或抢拉。

D. 主练方发中路侧下旋半出台球,陪练方正手拉球至主练方中路,主练方正手伺机抢攻或抢拉。

②单一发球后,对固定回球方式的抢攻或抢拉。

A. 主练方发反手位下旋底线长球,陪练方将球搓长至球台两大角,主练方正手/反手伺机抢攻或抢拉。

B. 主练方发反手位下旋底线长球,陪练方反手将球以中等力量拉起至球台两大角或中路追身,主练方正手/侧身伺机抢攻或抢拉。

C. 主练方发正手/中路下旋短球,陪练方正手摆短回接,主练方伺机正手/反手挑打。

D. 主练方发正手/中路下旋不转短球,陪练方正手挑打至主练方正手/反手,主练方正手/反手伺机抢攻或抢拉。

③单一发球后,对固定线路和固定回球方式的抢攻或抢拉。

A. 主练方发下旋短球至对方反手位,陪练方搓长至主练方正手底线,主练方正手抢攻或抢拉。

B. 主练方发下旋短球至对方反手位,陪练方搓长至主练方反手底线,主练方侧身正手抢攻或抢拉。

C. 主练方发下旋长球至对方反手位,陪练方采用中等力量反手拉至主练方正手位,主练方正手抢攻或抢拉。

D. 主练方发下旋长球至对方反手位,陪练方采用中等力量反手拉至主练方反手位,主练方侧身正手抢攻或抢拉。

(2)配套发球后的抢攻或抢拉

配套发球指发球的旋转配套,落点的配套,速度配套以及旋转、落点、速度三者之间的相互配套。

①配套发球后,对固定线路的抢攻或抢拉。

A. 主练方发侧上或侧下旋正手小三角短球,陪练方正手挑打或搓长至主练方反手位底线长球,主练方侧身正手/反手伺机抢攻或抢拉。

B. 主练方发侧上或侧下旋正手小三角短球,陪练方正手挑打或搓长至主练方正手位底线长球,主练方正手伺机抢攻或抢拉。

C.主练方发侧上或侧下旋正手小三角短球,陪练方正手挑打或搓长至主练方中路,主练方正手伺机抢攻或抢拉。

D.主练方发逆旋转侧下旋球中间偏右近网短球为主,配合发逆旋转两大角长球,陪练方台内拉或拉或搓至对方反手位,主练方反手伺机抢攻或抢拉。

E.主练方发逆旋转侧下旋球中间偏右近网短球为主,配合发逆旋转两大角长球,陪练方台内或拉或搓至对方正手位,主练方正手伺机抢攻或抢拉。

②配套发球后,对固定落点和固定回球方式的抢攻或抢拉。

A.主练方发侧下旋正手小三角短球为主配合发侧下旋反手位底线长球,陪练方正手搓长至主练方正手大角度底线长球或反手搓长至主练方正手位,主练方正手抢攻或抢拉。

B.主练方以发侧上或侧下旋反手近网短球为主,配合发侧下旋反手底线长球,陪练方将球搓接至主练方反手位底线,主练方反手/侧身正手伺机抢攻或抢拉。

C.主练方发侧上、下旋至对方中间偏右近网处,配合发大角度长球,陪练方挑打或拉起至对方反手位,主练方反手/侧身正手伺机抢攻或抢拉。

D.主练方发侧上、下旋至对方中间偏右近网处,配合发大角度长球,陪练方将球挑打或拉起至对方正手位,主练方正手伺机抢攻或抢拉。

2.练习要求

(1)第一板发球质量的要求

主练方发球时要有力度,保证旋转达到一定程度,同时发球动作要隐蔽,争取达到直接得分,或影响对方回球质量,或利于三五板的衔接等目的。

(2)第三板抢攻质量的要求

要大胆、果断地抢攻或抢拉,出手要突然,落点变化尽量不被对方看穿,中间球和直线球的进攻尤其要突出。在练习时要预判对手可能采取的回击方式,并逐一进行应对练习。

（二）第一、三、五板的衔接

第一、三、五板战术是根据发球后的三、五板采取的不同技术组合，可分为以下几种战术。

1. 发球后连续攻战术

它是发抢战术的主动延续，一旦发抢战术不能够造成得失分，就立即进入此战术。它是一、三、五板战术中最主动的战术。

（1）主练方发中路偏左或反手位近网短球，陪练方反手搓长至主练方中路或正手位，主练方正手抢拉至陪练方反手位，陪练方反手防守至主练方正手位，主练方正手抢攻或抢拉至对方反手位或中路追身，以争取得分。

（2）主练方发中路偏左或反手位近网短球，陪练方反手回摆至主练方中路或正手位，主练方正手挑打至陪练方反手位，陪练方反手防守至主练方正手位，主练方正手抢攻或抢拉至对方反手位或中路追身，以争取得分。

（3）主练方发中路偏左或反手位近网短球，陪练方反手搓长至主练方反手位，主练方侧身正手抢拉至陪练方反手位，陪练方反手防守至主练方反手位，主练方侧身正手／反手抢攻或抢拉至对方正手位／反手位／中路追身，以争取得分。

（4）主练方发中路偏左或反手位近网短球，陪练方反手搓长至主练方反手位，主练方侧身正手抢拉至陪练方反手位，陪练方反手防守至主练方正手位，主练方正手抢攻或抢拉至对方反手位或中路追身，以争取得分。

2. 发控抢战术

（1）主练方发中路偏左或反手位近网短球，陪练方反手摆短至主练方中路或正手位，主练方正手搓长至陪练方反手位，陪练方反手拉球至主练方正手位，主练方正手反拉至对方正手位或反手位或中路追身，以争取得分。

（2）主练方发中路偏左或反手位近网短球,陪练方反手摆短至主练方中路或正手位,主练方正手回摆至陪练方反手位,陪练方反手再次回摆至主练方正手位,主练方正手挑打至对方反手位或中路追身,以争取得分。

（3）主练方发中路偏左或反手位近网短球,陪练方反手摆短至主练方中路或正手位,主练方正手回摆至陪练方反手位,陪练方反手再次回摆至主练方反手位,主练方反手挑打至对方反手位或中路追身,以争取得分。

（4）主练方发中路偏左或反手位近网短球,陪练方反手摆短至主练方中路或正手位,主练方正手搓长至陪练方反手位,陪练方反手拉球至主练方反手位,主练方侧身正手反拉至对方正手位或反手位或中路追身,以争取得分。

（5）主练方发中路偏左或反手位近网短球,陪练方反手摆短至主练方中路或正手位,主练方正手回摆至陪练方反手位,陪练方反手搓长至主练方反手位,主练方侧身正手抢拉至对方正手位或反手位或中路追身,以争取得分。

3. 发防抢战术

发防抢战术的技术组合由第三板的防守衔接和第五板的进攻技术组成。

（1）主练方发中路半出台球,陪练方正手拉球至主练方反手位,主练方反手推／拨至陪练方反手位,陪练方反手快拉至主练方正手位,主练方正手反拉至对方正手位或反手位或中路追身,以争取得分。

（2）主练方发中路半出台球,陪练方正手拉球至主练方反手位,主练方反手推／拨至陪练方反手位,陪练方反手快拉至主练方正手位,主练方反手反拉至对方正手位或反手位或中路追身,以争取得分。

（3）主练方发中路半出台球,陪练方正手拉球至主练方反手位,主练方反手推／拨至陪练方反手位,陪练方反手快拉至主练方正手位,主练方侧身正手抢攻或抢拉至对方正手位或反手位或中路追身,以争取得分。

4.发抢防战术

发抢防战术是指发球抢攻第三板球质量不高,被对方反攻或反拉,第五板防守,主要是运用推、拨等技术。

(1)主练方发中路偏左或反手位近网短球,陪练方反手摆短至主练方中路或反手位,主练方反手挑打至陪练方正手位/中路,陪练方正手快拉至主练方反手位,主练方反手推/拨至对方反手位或中路追身,以争取得分。

(2)主练方发中路偏左或反手位近网短球,陪练方反手搓长至主练方反手位,主练方侧身正手抢拉至陪练方正手位/中路,陪练方正手反拉至主练方正手位,主练方正手防至对方反手位或中路追身,以争取得分。

(3)主练方发中路偏左或反手位近网短球,陪练方反手摆短至主练方中路或正手位,主练方正手挑打至陪练方正手位/中路,陪练方正手快拉至主练反手位,主练方反手推/拨至对方反手位或中路追身,以争取得分。

进行第一、三、五板衔接战术的练习时,要对发抢或对方回球落点作出规定,然后再进入相持战术阶段。为确保此练习的效果,发球抢攻这一板要控制好力量,不宜过大。

二、接发球抢攻战术

(一)第二板接发球战术

进行专门的接发球练习,采用多球训练效果为佳,即陪练方发球,主练方接发球。

1.第二板接发球抢攻或抢拉

(1)对台内短球的抢攻或抢拉

①陪练方发主练方正手位下旋(转与不转)或侧上、侧下旋或逆旋转短球,主练方正手挑打至对方斜线正手位或直线反手位或中路追身。

②陪练方发主练方中路近网下旋(转与不转)或侧下旋短球,主练方反手挑打至对方斜线正手位或直线反手位或中路追身。

③陪练方发主练方中路近网侧上旋短球,主练方正手挑打至对方斜线正手位或直线反手位或中路追身。

④陪练方发主练方反手位下旋(转与不转)或侧上、侧下旋短球,主练方反手挑打至对方直线正手位或斜线反手位或中路追身。

⑤陪练方发主练方中路偏左近网下旋(转与不转)或侧上、侧下旋短球,主练方反手挑打至对方直线正手位或斜线反手位或中路追身。

(2)对半出台球的抢攻或抢拉

①陪练方发主练方下旋(转与不转)或侧上、侧下旋或逆旋转中路半出台球,主练方正手抢攻或抢拉对方斜线正手位或直线反手位或中路追身。

②陪练方发主练方下旋(转与不转)或侧上、侧下旋或逆旋转反手位半出台球,主练方反手抢攻或抢拉对方直线正手位或斜线反手位或中路追身。

③陪练方发主练方下旋(转与不转)或侧上、侧下旋或逆旋转反手位半出台球,主练方侧身正手抢攻或抢拉对方斜线反手位或直线正手位或中路追身。

④陪练方发主练方下旋(转与不转)或侧上、侧下旋或逆旋转正手半出台球,主练方正手抢攻或抢拉对方斜线正手位或直线反手位或中路追身。

(3)对任意发球的抢攻或抢拉

①陪练方将旋转、落点、速度结合起来发任意球至1/2台,主练方根据来球情况,结合自身的打法特点,进行正、反手的抢攻或抢拉。

②陪练方将旋转、落点、速度结合起来发任意球至2/3台,主练方根据来球情况,结合自身打法特点,进行正、反手的抢攻或抢拉。

③陪练方将旋转、落点、速度结合起来发任意球至全台,主练方根据来球情况,结合自身打法特点,进行正、反手的抢攻或抢拉。

2. 第二板接发球综合练习

(1)陪练方将旋转、落点、速度结合起来发任意球至1/2台,主练方根据来球情况,结合自身打法特点,较为合理地将球接回对方球台。

（2）陪练方将旋转、落点、速度结合起来发任意球至 2/3 台，主练方根据来球情况，结合自身打法特点，较为合理地将球接回对方球台。

（3）陪练方将旋转、落点、速度结合起来发任意球至全台，主练方根据来球情况，结合自身打法特点，较为合理地将球接回对方球台。

3. 第二板接发球战术练习要求

（1）先进行针对单一发球的抢攻或抢拉练习，熟练之后，再进行针对不同旋转、落点、速度的发球的抢攻或抢拉练习，要循序渐进地过渡。

（2）练习中面对不同的发球方式，要清楚应该采用何种方式或手段进攻，对最常用的几种主要接发球抢攻战术必须要熟练掌握好，达到运用自如的水平。

（3）做第二板和第四板衔接的专门练习，并逐渐向相持反攻或连续进攻的练习延伸。

（4）进行接发球练习时，根据判断选择手法和步法，预判和行动要协调一致，灵活应对各种来球。

（二）第二、四板衔接战术

1. 控攻战术

控攻战术，即第二板球采用控制性技术，使对手无法进攻或进攻质量不高，第四运用进攻性技术击球，形成主动得分或对手失误得分的战术。二、四板衔接的技术组合主要有：摆短后挑打、摆短后拉球、搓长后拉球。

（1）陪练方发主练方正手/中路下旋短球，主练方正手摆短至陪练方正手位，陪练方正手回摆至主练方正手/中路，主练方正手挑打至对方正手或反手或中路追身，以争取得分。

（2）陪练方发主练方反手/中路下旋短球，主练方反手摆短至陪练方反手位/中路，陪练方反手回摆至主练方正手/中路，主练方正手挑打至对方正手或反手或中路追身，以争取得分。

（3）陪练方发主练方反手/中路下旋短球，主练方反手摆短至陪练方反手位/中路,陪练方反手回摆至主练方反手/中路,主练方反手挑打至对方正手或反手或中路追身,以争取得分。

（4）陪练方发主练方正手/反手/中路下旋短球,主练方正手/反手摆短回接,陪练方搓长至主练方正手/反手/中路,主练方正手/反手/侧身正手抢攻或抢拉,至对方正手或反手或中路追身,以争取得分。

2.连续攻战术

连续攻战术,即接发球抢攻没有造成得失分,第四板球继续运用进攻性技术强攻对手,目的是造成主动得分或对方失误的战术。它是二、四板战术中最具有攻击性的战术。衔接的组合技术主要有:挑打后反拉、拉完后反拉。

（1）陪练方发主练方正手侧旋短球或不转下旋短球,主练方正手挑打至陪练方正手位,陪练方正手拉冲(中等力量)至主练方正手位,主练方正手反攻或反拉至对方正手或反手或中路追身,以争取得分。

（2）陪练方发主练方正手侧旋短球或不转下旋短球,主练方正手挑打至陪练方正手位,陪练方正手拉冲(中等力量)至主练方反手位,主练方反手反攻或反拉至对方正手或反手或中路追身,以争取得分。

（3）陪练方发主练方正手侧旋短球或不转下旋短球,主练方正手挑打至陪练方正手位或中路,陪练方正手拉冲(中等力量)至主练方反手位,主练方侧身正手反攻或反拉至对方正手或反手或中路追身,以争取得分。

（4）陪练方发主练方正手侧旋短球或不转下旋短球,主练方正手挑打至陪练方反手位,陪练方反手快拉/攻至主练方反手位,主练方反手抢攻或抢拉至对方正手或反手或中路追身,以争取得分。

（5）陪练方发主练方正手侧旋短球或不转下旋短球,主练方正手挑打至陪练方反手位,陪练方反手快拉/攻至主练方反手位,主练方反手/正手侧身抢攻或抢拉至对方正手或反手或中路追身,以争取得分。

3.控防战术

第一板球采用摆短、搓长、晃搓或撇搓等控制性技术,被对方反攻或反拉,第四板通过推、拨等进行防守,目的是通过不同的线路和落点限制对手连续进攻,造成对手回球失误。衔接的技术组合主要有:摆短后防守、搓长后防守。

（1）陪练方发主练方反手或中路下旋短球,主练方反手摆短至陪练方正手位中路,陪练方正手挑打至主练方中路,主练方正手防至对方反手位/中路,以限制陪练方连续进攻或造成陪练方失误。

（2）陪练方发主练方反手或中路下旋短球,主练方反手搓长至陪练方正手位/中路,陪练方正手拉球至主练方中路,主练方正手防至对方反手位/中路,以限制陪练方连续进攻或造成陪练方失误。

（3）陪练方发主练方正手或中路下旋短球,主练方正手摆短至陪练方正手位中路,陪练方正手挑打至主练方中路,主练方正手防至对方反手位/中路,以限制陪练方连续进攻或造成陪练方失误。

（4）陪练方发主练方正手或中路下旋短球,主练方正手搓长至陪练方正手位中路,陪练方正手拉球至主练方中路,主练方正手防至对方反手位/中路,以限制陪练方连续进攻或造成陪练方失误。

（5）陪练方发主练方正手或中路下旋短球,主练方正手摆短至陪练方反手位中路,陪练方反手挑打至主练方中路,主练方正手防至对方反手位/中路,以限制陪练方连续进攻或造成陪练方失误。

4. 第二、四板衔接战术训练要求

（1）先进行多球训练,掌握第二、四板衔接战术的要领,打好基础,然后向单球训练过渡,这对练习者的判断能力、反应能力提出了较高的要求,建议先进行定点单球练习,然后向综合练习发展。

（2）以摆短为主,让对方回摆或搓长,进行下一板衔接。

（3）台内有机会时就挑打,没机会就摆一下、搓长一下,为下一板球创造良好条件。

（4）通过给对方发长球创造主动防守的机会,注意灵活调整击球的力量、旋转、落点,使对手进攻受到影响。

三、相持战术

（一）对攻战术

1. 全台连续正手不定点拉、打练习

该练习主要是为了提高正手连续进攻的能力,注意手法练习和步法练习的结合,提高速度能力,包括动作速度、反应速度和移动速度。

以正手不定点拉冲/攻练习为例。从上旋或下旋转成上旋开始练习,可两名运动员同时练,也可一方主练,另一方陪练。在正手对拉/攻相持中,要多注意轻重力量及正手大角或中路追身或反手大角等落点的变化。在一方陪练时,可进行一点对多点的练习,也可采用一般性的防守,主练方寻找合适的机会,进行全力拉冲/攻,以争取得分。

先可缩小范围,在正手位 1/2 台、反手位 1/2 台多进行不定点的正手拉冲/攻练习,然后过渡到全台。此外,可采用多球或多球单练的方式进行练习。也可将正手挑打、正手快拉、正手快攻、正手拉冲、正手反拉等连续进攻性技术综合起来进行相应的练习。

2. 左右半台正、反手不同进攻性技术衔接练习

此练习的目的是提高两面进攻与相持技术水平。摆速中相持技术是由两边不同进攻性技术或进攻与积极的防守技术组合而成的。技术的转换与衔接是练习的重点。在两边摆速练习时要有意识地树立打左想右、打右想左的意识,合理分配力量,并保持身体重心的稳定性。

以"同线回接"+"逢直变斜"的反手位练习为例,规定发球只发斜线,A 发球后,B 必须"同线回接"直至 A 反手变直线,B 必须"逢直变斜",以便让 A 转正手打斜线,双方形成正手相持。双方交换角色反复练习。正手斜线相持同理。也可采用多球或多球单练的方式进行此项练习。

（二）拉攻战术

1.反手拉结合正手拉

练习时,由左向右交换或由右向左移位,要力求快速并及时到位,避免漏拉。

2.拉球结合发力攻

拉弧圈球和攻球,两者的动作差别较大,训练时必须反复体会两者的不同动作要领。拉、攻组合练习很重要,即使技术水平提高到一定程度,也不能忽视这一组合练习。

3.侧身拉结合扑正手

练习时不但要在侧身拉后比较主动的情况下能扑正手,同时也要求在侧身拉后比较被动的情况下能扑正手。

4.反手拉结合侧身拉

进行反手拉结合侧身拉练习时,反手拉弧圈球的冲力很关键,要么冲力要大,要么拉球的角度要大,如此才可以为侧身拉创造条件。
进行侧身拉练习时,要注意及时、迅速移位,这样侧身正手拉的威力才能发挥出来。

（三）搓攻战术

1.搓不同落点进行突击

如搓两角、搓同线长短、搓异线长短、搓追身等伺机进攻。

2. 搓转与不转结合落点变化后进攻

如快搓转与不转球结合落点变化伺机进攻；快、慢搓结合，利用节奏和旋转变化，伺机进攻；下旋搓球结合侧旋搓球，伺机进攻。

3. 搓拉结合落实变化伺机进攻

如先搓后拉或先拉后搓，以打乱对方前后步法为主，使其回球质量不高，为自己进攻制造机会。

四、乒乓球战术意识的培养

（一）战术素养的培养与提高

在乒乓球战术意识的培养中，首先要培养战术素养，使大学生对战术相关理论知识有所了解与掌握，对战术的概念与内涵有所明确，对乒乓球的战术规律及发展趋势加以了解。一般将乒乓球战术理论知识放到乒乓球理论课上讲解，或者放在乒乓球实践课上讲解，将这部分知识的讲解与战术训练有机结合起来。

（二）战术思维的培养

在战术意识的构成要素中，战术思维居于核心地位，战术意识的强弱直接由战术思维能力的高低所决定。要增强战术意识，就要先培养集预见性、灵活性及创造性于一体的战术思维能力。

从乒乓球战术训练的实践出发，对大学生的战术思维进行培养，要采取"想练结合"的手段。在日常训练中，向大学生提出集中精神，大脑与肢体并用的要求，教练员要善于设置不同实战情境下的相关战术问题，引导大学生分析问题，探索应对策略，对其观察力、判断力、分析及解决问题的能力进行培养。此外，在训练课上要抓住适当的机会播放优秀乒乓球选手的精彩比赛视频，使大学生的思维得到拓展，激励其主动学习,借鉴经验,而且教练员还要多为大学生提供比赛机会,使其比赛经验更加丰富,战术思维得到强化。大学生在参赛过程中要将日常学习与训练的内容融入进去,学以致用,并在比赛结束后客观评价自己的表现,发现自己的不足之处,然后有针对性地改善。

（三）启发性思维的培养

培养启发性思维也是乒乓球战术意识培养与训练的重要内容之一。在启发性思维的培养中,通常采取的方法是组织大学生观看比赛视频或在现场观看比赛,在观赛中提出"如果你遇到这种情况会采取什么战术"及"为什么这么做"等问题,通过这种提问,可以引导大学生猜测或想象特定比赛情境,进行预判与决策,这有助于对其创造力、想象力进行培养,促进其想象力的发挥和创造力的提升。如果不具备播放多媒体视频或带领大学生现场观看比赛的条件,教师可以对一场比赛中的精彩片段进行描述,启发大学生猜测与想象,在大脑中勾画比赛图,然后从多个角度思考与推断,这有助于促进其战术意识的提升。

（四）良好心理素质的培养

培养大学生的运动心理素质与培养其战术意识密不可分,良好的心理素质有助于大学生战术意识的强化。因此在乒乓球战术意识训练中,要加强心理素质训练与培养。在心理素质培养方面,要重点培养大学生在实战中积极思考、全面分析、灵活应对、果断处理问题的能力,培养勇敢果断、越挫越勇、永不言弃以及胜不骄、败不馁的良好体育道德和精神品质。在模拟实战训练中适当增加难度与干扰,以培养心理承受能力、抗干扰能力以及环境适应能力,使大学生以良好的心理素质投入紧张激烈的比赛中,即使面对众多的干扰与意想不到的难题,也能继续坚持下去。

（五）独特战术风格的培养

在乒乓球战术意识的培养与训练中,还应将培养独特的战术风格作为一项重点工作,不同大学生都有自己的特点,有自己擅长的打法技术,在这一基础上建立能够体现自身特色和有利于充分发挥特长技术的独特战术体系,扬长避短,提高制胜能力。

在乒乓球日常训练中,教师有意识地引导大学生发挥自己的战术风格,并在实战中合理运用自己擅长的战术,促进其战术意识向风格鲜明的战术行动转变,从而提高战术能力,并充分彰显个性。

第四节　高校乒乓球专项课实用技战术实战技巧训练

一、乒乓球实用技术实战技巧培养

(一)实用发球技术实战技巧

以正手侧上、下旋发球为例。

1. 实战意识

第一,让对方对于来球是侧上球还是侧下球产生模糊判断,从而无法准确接球,出现失误。

第二,迫使对方回击质量较差的球,从而给自己制造机会。

第三,迫使对方在本方的预测内或按照本方的意图接发球,而本方可以打出自己擅长的球。

第四,防止对方获得主动权,这是正手侧上、下旋发球实战应用的最低要求。

2. 运用方式

(1)线路落点变化

在实战中要根据对手情况来决定采取什么发球方式以及如何运用所选的发球方式。下面分析在三种常见情况下如何完成正手侧上/下旋发球。

第一,若对方步法移动不及时、不灵活,考虑大角度发球,增加对方移动范围,使其移动不及时而出现失误(图6-4之①、②、⑤)。

第二,若对方正手击球,且有较强的进攻性,则选用击短球的方式使对手的进攻受到限制(图6-4之②、③、⑤)。

第三,若对手左手持拍,可以考虑朝向对方正手大角度进行斜线大角度发球(图6-4之④)。

（2）旋转变化

第一,若对方反手搓球或推拨球的技术水平不高,或推拨能力差,那么本方可向对方反手位发侧下旋球,迫使对方接球出界。

第二,如果对方正手挑打侧上旋压不住球时,则主要采取的战略是发近网中路侧上旋短球,使对方挑打时出现球出界的现象。

第三,若对方接反手位发球、侧身抢攻上旋球的技术能力比较强时,本方可发侧下旋球,这样对方在侧身抢攻时容易出现击球下网的现象。

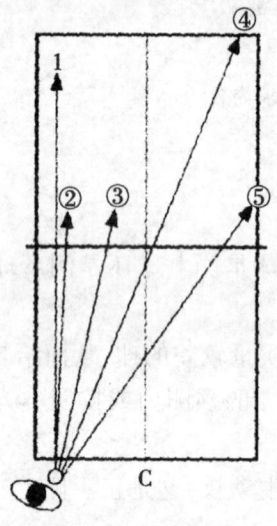

图6-4　线路落点变化中的发球

（3）速度变化

正手侧上、下旋发球的球速都比较快,向两个大角发长球的速度更快,采用这些发球方式可以将对方接台内球的节奏和习惯打破。发近网球时,虽然速度不太快,但因为角度大,对方移动范围大,所以给对方接球增加了难度。

在正手侧上、下旋发球中,要将弧线尽可能压得低一些,这样既能提高速度,又能使对方无法顺利实施上手挑打近网球的回击战术。

（二）实用接发球技术实战技巧

以推（拨）接球技术为例。

1. 实战意识

第一,对来球情况进行准确判断,伺机果断实施具有速度优势的推（拨）接球技术。

第二,在实施推（拨）来球技术时,要将接发球的线路和落点明确下来,旨在将对方控制住,为本方既定战术的实施提供便利,并尽可能达到直接得分的目的。

2. 运用方式

（1）接球

对来球性质进行判断,若来球非旋转球,采用更具有主动性的推（拨）接球技术。不推时,立起球拍,避免前倾,推下旋接球时,动作向前偏向上。拨接时,球拍稍前倾,利用摩擦力控制弧线曲度。

面对对方发来的侧上旋球,对拍面方向进行调整,预防接球出界。若对方是正手发球,面向对方右方调节拍形,若对方是反手发球,则要面向对方左方调节拍形。对拍面方向进行调整时,注意球拍前倾的适宜性,以能够将弧线压住,且预防回球过高或出界为主。来球的旋转性能影响本方调整球拍的前倾角度,来球上旋程度和本方球拍前倾角度成正比,旋转越强,前倾角度越大,而且要适当多向前一些完成挥拍动作。

（2）回击

①线路落点变化

回击高质量的球,要树立变线和压大角的意识。采用推（拨）接发球技术时,要对对方正反手的技术实力和其他情况进行综合判断与分析,从而做出推直线或推斜线大角的决定。若对方正手攻球实力较强,但步法不灵敏,而且对方在侧身位发球时正手位有较大空当的情况下,本方适宜推接直线球（图6-5）。

对对方的技术、站位、步法进行判断,只要有两个方面暴露缺陷,就可以通过调整线路落点来打出高质量的回击球。

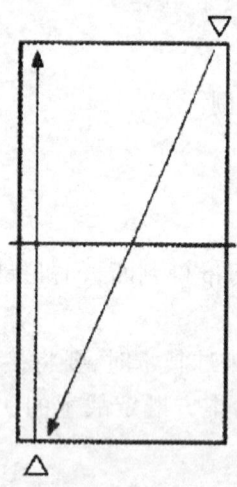

图6-5　线路落点变化中的回击

②速度变化

要干脆利落地完成推(拨)接球,以体现出其速度优势。如果回击不够"突然",那么失去速度优势的回击不会给对方带来威胁。

(三)实用进攻技术实战技巧

1.正手攻球技术

(1)实战意识

①不管是发球,还是接发球,都要控制好出球,提高速度,迫使对方的回球对自己来说是进攻的好机会。

②观察与了解对方的弱点,将专门攻克对方薄弱环节的技战术放到一个体系中,在实战中根据对方暴露出的缺陷从体系中选择适宜的技战术。

③坚持扬长避短的准则,尽可能将自己的特色与优势发挥出来,以自己擅长的正手攻球技术为主要进攻技术,其他技术为辅助进攻技术。以己之长攻彼之短。

（2）运用方法

①击球位置在左半台时,用推挡控制,寻找机会进行正手进攻。

②合理移动脚步,步法移动与击球动作要协调完成,左脚蹬地,右脚向侧方向大步跨出,同时引拍,右脚跟着地后挥拍击球。

③合理控制引拍幅度,移步时顺势转腰。打直线和打斜线时,击球点不一样,前者在身体侧面,后者在身体侧面偏前位置,而且击球时间也不一样,前者击球时间稍晚,后者稍提前。

2.弧圈球技术

（1）实战意识

①弧圈球技术的优势在于旋转,要积极利用这类技术对旋转的适应性来创造良好的进攻机会。

②以弧圈球技术为进攻手段时,明确正手弧圈球、反手弧圈球的主体和辅助地位。

③合理衔接弧圈球技术和其他技术,根据需要综合运用不同进攻技术。

（2）运用方法

①选择弧圈技术打法时,用搓球技术对对方施加控制,从而迫使对方打出机会球。

②观察来球的旋转性质,及时移动脚步、转腰、引拍,一气呵成,并根据观察和判断来决定击球力量的大小,将引拍幅度控制好。如要力量大,通常转腰引拍幅度也大。

③并步时,挥拍拉球,抓紧时间将回接的线路确定下来。

④若对方侧身位进攻技术水平较差,本方以打搓拉战术为主,从而等待进攻机会。

3.连续进攻组合技术

以正手拉球、扣杀的组合技术为例。

（1）实战意识

①正手拉球、扣杀的组合技术在速度上占优势,所以在实战中要发挥这一制胜优势。

②和旋转球对速度、落点的要求相比,拉球的要求更严格一些,即速度快,落点变化多,也就是说要求拉球要"突然"一些。

③高质量完成拉球、扣杀的组合技术,会给对方造成严重的打击,容易使对方回接球时表现不理想。

（2）运用方法

①正手拉下旋时,击球位置离球台较近一些,所以不适合采用幅度过大的动作,要将拉出速度、控制进攻落点作为重点对待。

②若对方以防守为主时,寻找机会球,伺机正手扣杀。

③如果对方以削球为主,本方的拉球扣杀组合技术就要连续使用了,而且为了迫使对方打出机会球,也可以将拉球、摆短结合起来运用。

二、乒乓球实用战术实战技巧训练

（一）两点打一点

1. 左右落点的变化有规律

两点可以是1/2台、2/3台或全台两大角。有规律地变化左右落点,如一左一右、一左两右或两左两右等。

2. 左右落点的变化无规律

在练习中,两点打一点者可使用一种或两种及两种以上的技术。一点打两点者可使用一种或两种及两种以上的技术。这一点可以是反手位、正手位或中路;可以是推球、攻球、拉弧圈球。

（二）两点对两点

1. 两斜对两直

对抗双方分别打两条斜线和两条直线,而且不能变化线路。

2. 两直对一直一斜

两名攻球手多采用这一练习方式。一方只打直线,如正手位用正手打,反手位用反手打或正、反手分别各打两次直线。另一方用正手走动攻,如正手位攻一直一斜,侧身位攻一直一斜(图 6-6)。

3. 两斜对一斜一直

与上一种练习方法相似。一方只打斜线,如正手位用正手打,反手位用反手打或正、反手分别各打两次斜线。另一方用正手走动攻,如正手位攻一斜一直,侧身位攻一斜一直(图 6-7)。

4. 逢斜变直、逢直变斜

一方随意击球,如果是斜线击球,对方回直线,如果是直线击球,对方回斜线。

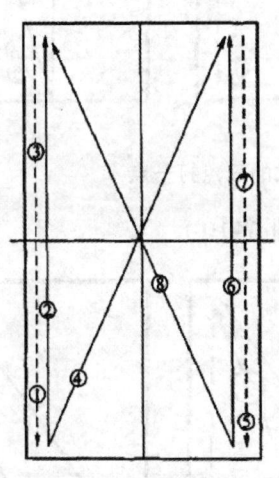 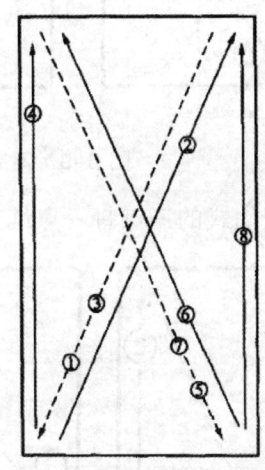

图 6-6　两直对一直一斜　　图 6-7　两斜对一斜一直

(三)三点打一点

三点者用正手攻或拉弧圈球,一点者可推球、拨球、削球。

（1）完全式的三点打一点练习（图6-8）。

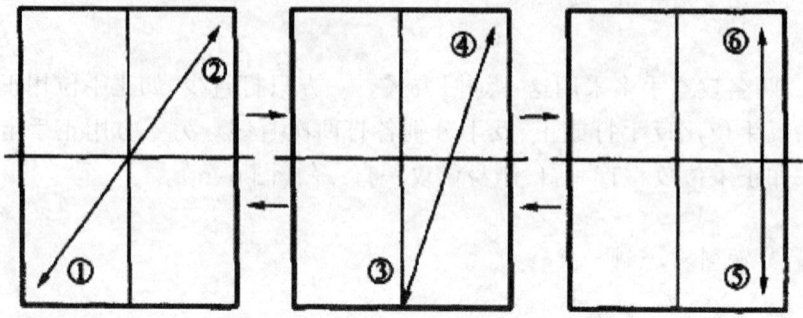

图 6-8　完全式的三点打一点

（2）不完全式的三点打一点练习（图6-9）。

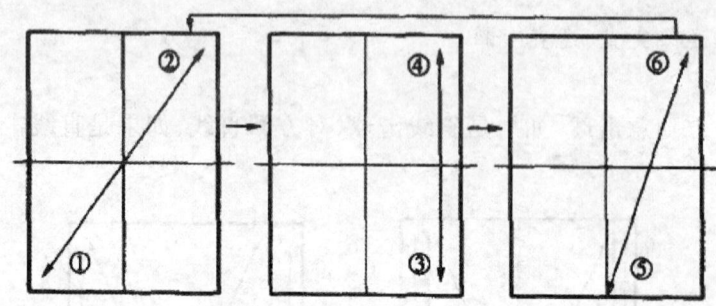

图 6-9　不完全式的三点打一点

（3）变化式的三点打一点练习（图6-10）。

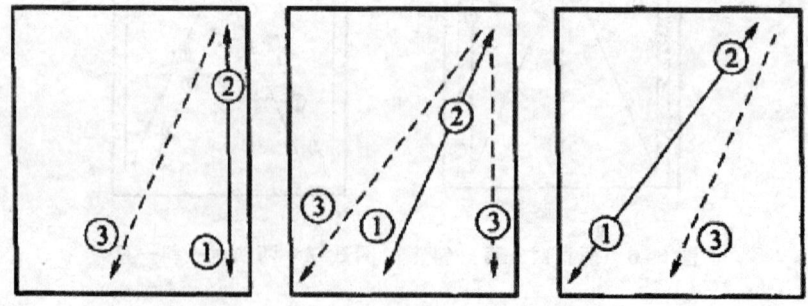

图 6-10　变化式的三点打一点练习

（四）三点对两点

三点者正手走动攻球或拉弧圈球；两点者正手位来球用正手打，反手位来球用反手打，如图6-11所示。

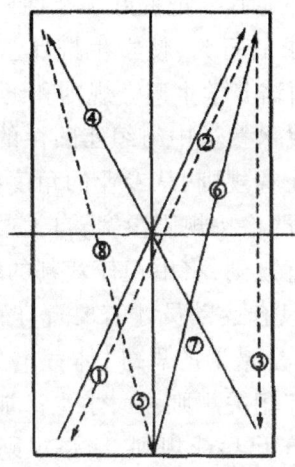

图6-11 三点对两点

第五节 课程思政融入乒乓球技战术教学与训练的建议

一、在乒乓球技战术教学中培养大学生的规则意识和法治意识

一个人高尚的道德品质一定程度上是以强烈的法制意识、规则意识为标志的。每个人都应该具备规则意识和法治意识，高校思政教育也非常重视对大学生规则意识和法治意识的培养。利用乒乓球技战术教学培养大学生的规则意识和法治意识是具有一定优势的，具体可通过下列方法将课程思政融入高校乒乓球课堂技战术教学中，从而促进大学生规则意识、法制意识的形成和强化。

第一，体育课程课堂教学与文化课程课堂教学不同，体育课堂上教学内容、形式都比较丰富和灵活，教学过程比较生动，教师能否组织好课堂教学,关键在于要提出一些约束性的规则,加强课堂常规管理。乒乓球作为体育课的重要内容之一,在课堂教学中自然也要加强管理,加强规则约束,无论是组织学生领取和归置器材,还是进行准备活动、练习活动,教师都要提出明确的规范准则和行为要求,使学生依照规范和准则去行动、学习,这样乒乓球课堂教学才能顺利实施。在乒乓球技战术教学中,乒乓球教师尤其要把握好规范性要求,时刻监督学生的行为,纠正学生不符合要求的行为,使学生按课堂规范、乒乓球规则进行乒乓球技战术学练,从而培养学生遵守规则和纪律的意识。

第二,在乒乓球技战术教学中组织实践性的教学比赛活动,教师担任裁判员,向学生说明比赛规则,从专业的角度判断学生的比赛行为是否符合规则。学生必须严格按规则参赛,自觉遵守规则,约束与规范自己的比赛行为,一旦违背规则,将由担任裁判的教师提出惩罚事宜。有些学生认为,比赛规则只有运动员才需要遵守,是运动员的必备素质,而自己不需要遵守。这是错误的思维,体育本身就是有规则的身体活动,任何参与者都要遵守相关规则。大学生参加乒乓球运动,学习乒乓球技战术,应该自觉遵守乒乓球规则,增强规则意识,并将此内化为自己的道德素质。具备该品质的学生,在体育运动中会遵守体育规则,在其他领域也会自觉遵守其他领域的规则,法治意识也会渐渐增强,从而做一名遵纪守法的良好公民。

二、增加趣味竞赛内容,培养大学生的集体主义精神和合作意识

在乒乓球技战术教学中组织一些趣味性的技能比赛,尤其是需要小组合作才能完成的比赛,如双打比赛、团体比赛等,将有助于促进学生之间交流情感,建立友谊,相互学习,取长补短,共同进步。通过小组合作和组间对抗,学生会渐渐明白集体的力量是非常强大的,个人力量在集体面前十分微小,要融入集体,以集体利益为主,为集体的共同目标而努力才能获得集体的胜利,如果脱离集体,不与同学合作,主观臆断,将导致团队成绩落后。通过比赛,学生将会在潜移默化中形成集体主义精神,合作意识与沟通能力也将得到增强。

三、以"乒乓精神"为融入点，培养大学生的意志品质和进取精神

高校思政教育也注重对大学生社会适应能力的培养。任何具有社会属性的人，要想成功，就必须具备一定的社会适应能力，这是大学生将来步入社会后的必备能力，也是大学生意志品质的一种体现。在乒乓球技战术教学中，不断融入与渗透乒乓球精神，利用国球精神从情感深处激励学生、磨炼学生，培养学生自强自信、勇敢机智、坚韧不拔、积极进取的良好品质，并让学生通过体会乒乓球精神，真正学会宽容待人、以诚待人、关爱他人、尊重他人，这些都是大学生良好人格素质的重要组成部分。

四、提高大学生的审美意识和欣赏能力

体育和美有着天然的联系，二者相互依存，相辅相成。体育从运动精神的角度而言也是一门艺术，包含身体形态美、运动美、精神美等诸多审美元素，这些审美内容在乒乓球运动中同样存在。在乒乓球技战术教学中，学生在不断的练习中和课堂教学比赛中能够将自身健壮、优美的体形和体魄展现出来，并在尊重教师、团结同学、遵守规则、坚持不懈、积极拼搏、顽强奋战中展现自己的体育精神。在融入审美教育的乒乓球课程思政教学中，学生更能够深刻体会到乒乓球比赛背后蕴含的各种精神——竞争与友谊、保持与超越、顽强坚持、平等和平、公平公正、团结协作、集体主义精神及爱国主义精神等，也能够更好地欣赏一场高水平的乒乓球比赛，这将有助于提高大学生的审美能力和欣赏能力，而且大学生若能够将这些体育精神内化为个人品质，将会成为其终身的宝贵财富。

第六节　乒乓球竞赛裁判法的教学指导

一、标准手势及术语

乒乓球裁判法应用最重要的是临场执裁,我们在日常学习乒乓球裁判法的时候一定要学会标准手势及术语。

(一)基本判决手势

(1)当判得分时,裁判员可将靠近得分方的手举至齐肩高。手势应是:大臂与身体成90°,小臂与大臂成90°,握拳,拳心朝外(图6-12)。

图 6-12　得分

(2)当出于某种原因,回合应被判为重发球时,裁判员可以将手高举过头,表示该回合结束。手势应是:手臂伸直上举,五指并拢,掌心朝外。

图 6-13　停止比赛

（3）当出现擦网或擦边时，裁判员和助理裁判员在必要时均可通过指向球网或擦边位置来明确表示判决原因。

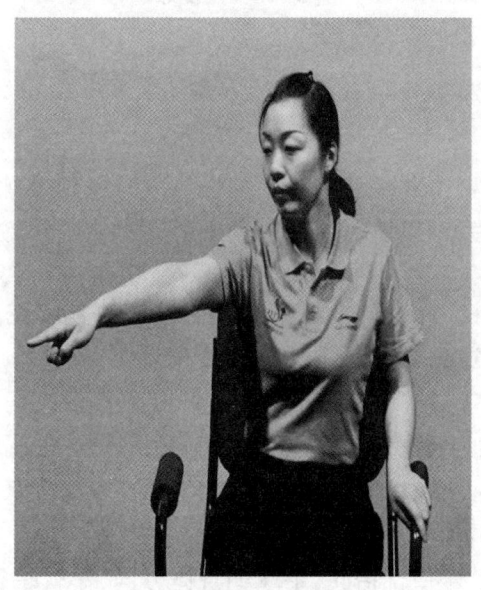

图 6-14　擦边

（4）当需要换发球时，裁判员应将手指向下一个发球员。手势应是：靠近下一个发球员的手臂伸直侧平举，掌心朝前，手指向下一个发球员一边，但并不要求指向下一个发球员所站的位置。

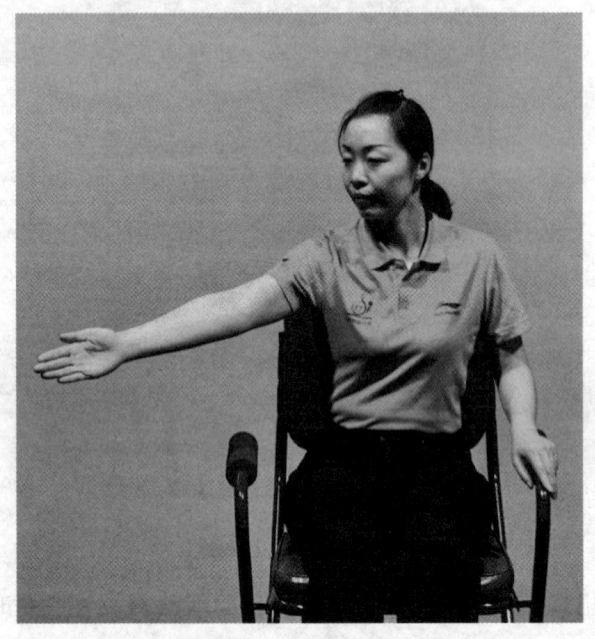

图6-15　换发球

（二）发球违例判罚手势

判罚发球是否违例是裁判员在临场执裁时遇到最棘手的问题，下面列举几种违例的发球以及对应的判罚手势，我们在教学过程中一定要牢牢掌握。

1.判罚发球违例时几种手势代表的含义

（1）抛球手：手臂横向打开、手掌朝上。

（2）球台面：手臂横向打开、手掌朝下。

（3）球：伸出食指，指尖位置表示球。

（4）遮挡：手臂垂直抬起，手掌朝身体方向，小臂平行于地面且离身体一定距离。

2.国际乒联现行推荐的发球违例判罚手势

国际乒联现行推荐的发球违例判罚手势共有以下 7 种。

（1）不够高

不够高是指：球离开非执拍手手掌后到球上升的最高点，距离少于 16 厘米。球网高度可以作为裁判员判罚的参照物（图 6-16）。需要注意的是，有时运动员会先将球高高托起作为掩护，再向上抛，但上抛高度并未达到 16 厘米，对于这样的发球也应注意判罚。

图 6-16　发球违例 – 不够高

判罚手势：用手指离开手掌一定高度代表不够高，如图 6-17 所示。

（2）手掌未张开

手掌未张开是指：抛球前，发球员并未将球静止地放在张开的手掌上。

图 6-17　判罚手势 – 不够高

图 6-18　发球违例 – 手掌未张开

判罚手势：用未张开的手，手掌心朝上代表手掌未张开，如图 6-19 所示。

图 6-19 判罚手势 - 手掌未张开

（3）球静止于手指

球静止于手指是指：抛球前球未静止在非执拍手手掌上，而是从运动员的手指上被抛起，如图 6-20 所示。

图 6-20 发球违例 - 球静止于手指

判罚手势：一只手手掌朝上代表抛球手，另一手手指代表球，用一只手手指指向抛球手的手指，代表球静止于手指上，如图 6-21 所示。

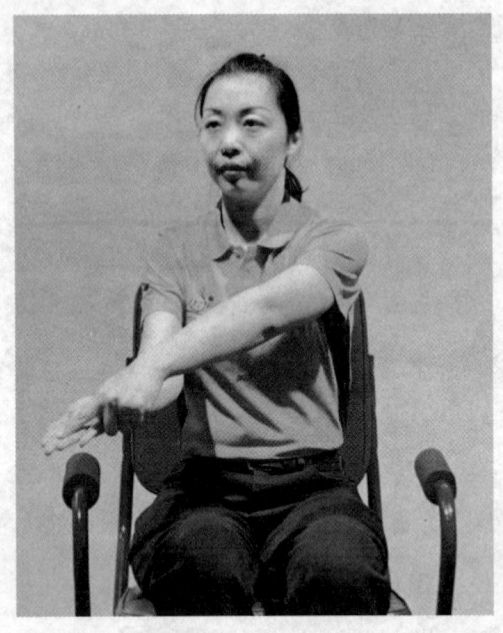

图 6-21　判罚手势 - 球静止于手指

（4）台面下

台面下是指：在非执拍手手掌上静止后到运动员将球击出前，球低于比赛台面的情况，如图 6-22 所示。

图 6-22　发球违例 - 台面下

判罚手势：用手掌心朝下代表球台面，另一只手手指代表球，用手指放置于手掌心下代表台面下，如图 6-23 所示。

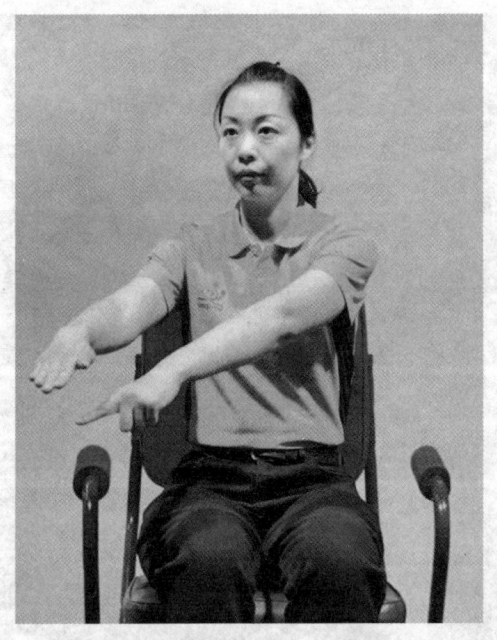

图 6-23　判罚手势 - 台面下

（5）台面内

台面内包含台面内抛球和台面内击球两种情况。

①台面内抛球：球在非执拍手手掌上静止后到运动员将球击出前出现球被伸进比赛台面的情况，如图 6-24 所示。

图 6-24　发球违例 - 台面内抛球

②台面内击球：指运动员击球瞬间，球处于比赛台面之内。特别是当运动员采用逆旋转发球时，容易出现此类情况，如图 6-25 所示。

图 6-25　发球违例 – 台面内击球

判罚手势：一只手手掌心朝下代表球台面，手掌大鱼际代表端线，另一手手指代表球。用手指指向手掌小鱼际外侧代表台面内（图 6-26）。

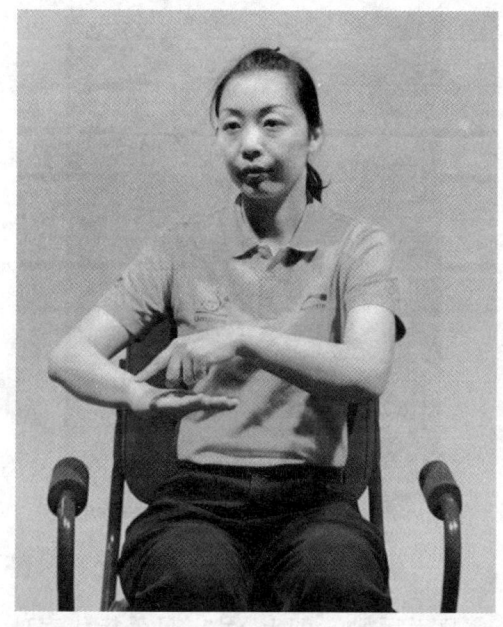

图 6-26　判罚手势 - 台面内

（6）不垂直

不垂直是指：运动员没有垂直，或几乎垂直向上将球抛起。不管球是向哪个方向偏斜，均为不垂直，如图 6-27 所示。

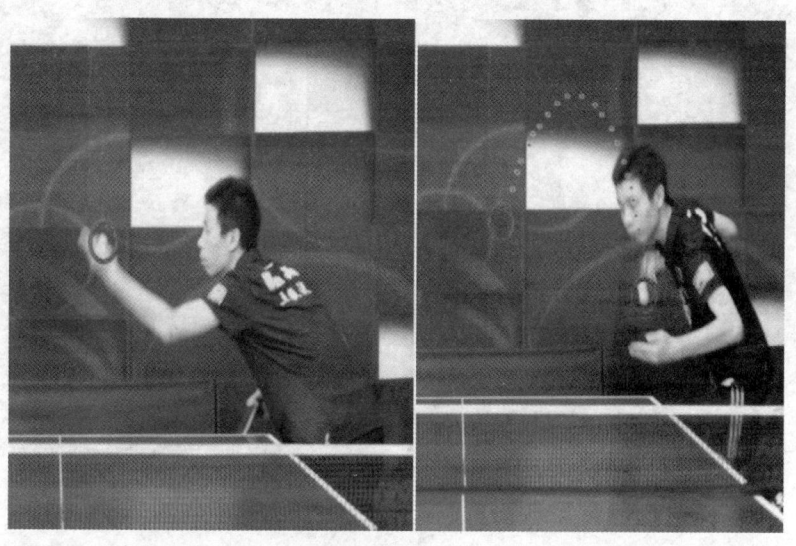

图 6-27 发球违例 – 不垂直

判罚手势：一只手手掌心朝上，另一只手指代表球，用手指从手掌心平行移动一段距离，代表抛球不垂直，如图 6-28 所示。

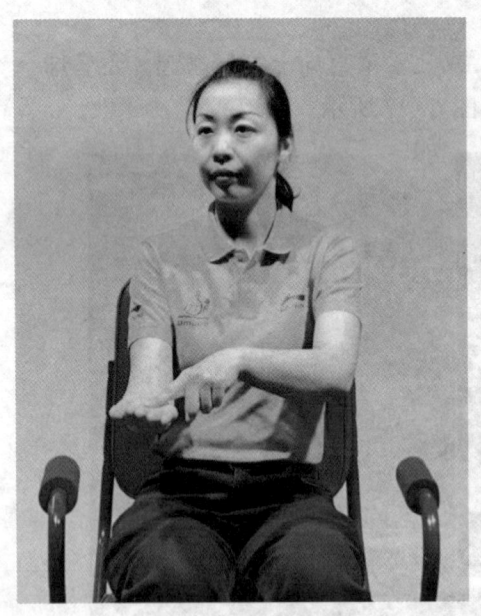

图 6-28 判罚手势 – 不垂直

（7）遮挡

遮挡可分为：头部遮挡、肩部遮挡、手臂遮挡等。

①头部遮挡。

图 6-29　发球违例 – 头部遮挡

②肩部遮挡。

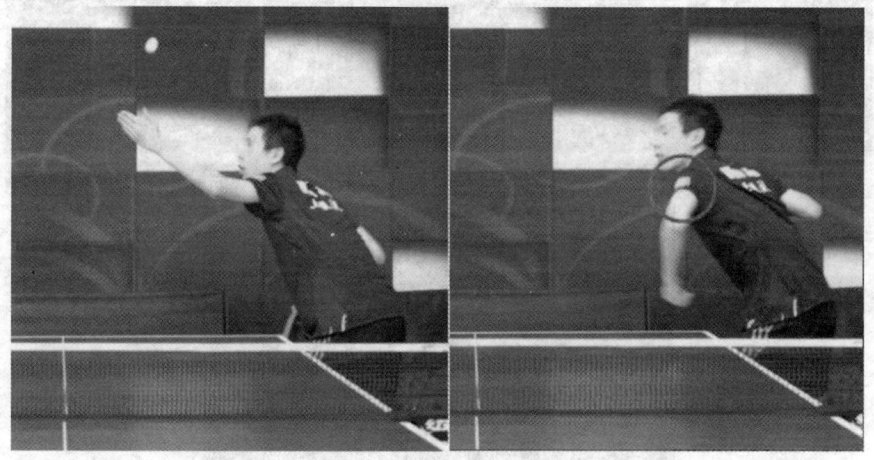

图 6-30　发球违例 – 肩部遮挡

③手臂遮挡。

图 6-31　发球违例 – 手臂遮挡

判罚手势：用手臂垂直抬起，手掌朝身体方向，小臂平行于地面且离身体一定距离来表示遮挡（图6-32）。然后用食指指向遮挡部位，如指向肩部，表示肩部遮挡，如图6-33所示。

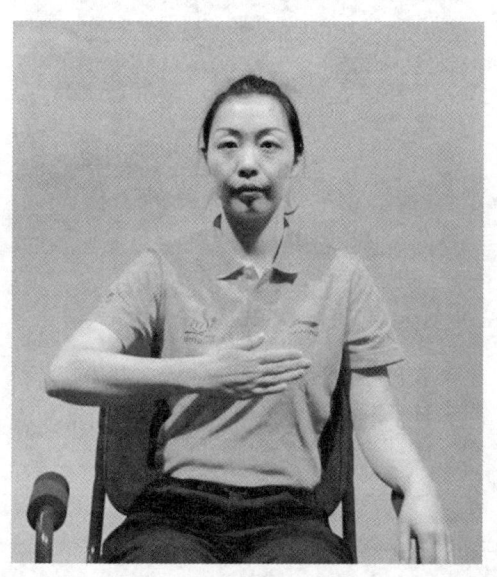

图6-32　判罚手势－遮挡

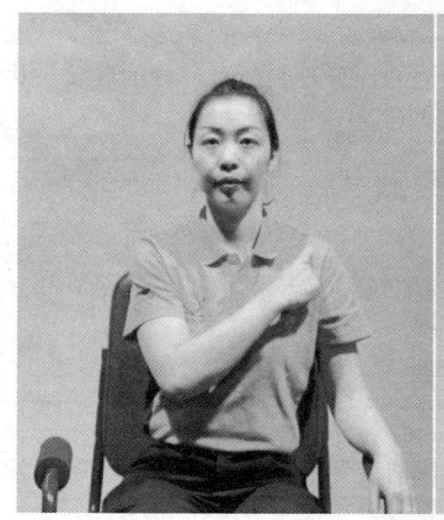

肩部遮挡　　　　　　　　　头部遮挡

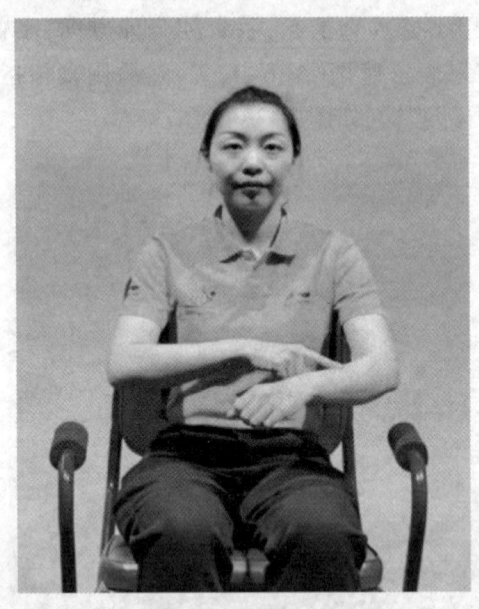

手臂遮挡

图 6-33　不同部位遮挡的判罚手势

二、判定胜负结果

乒乓球临场执裁最主要的最关键的任务是判断每一分的胜负。乒乓球的每一个回合除了重发球就是得 1 分。

（一）重发球

1. 重发球的几种情况

回合出现下列情况应判重发球。

（1）如果发球员发出的球触及球网装置后成为合法发球或被接发球员或其同伴阻挡。

本规定的情况有两种。

发球──→擦网──→合法发球。

发球──→擦网──→对方运动员阻挡。

（2）如果接发球员或接发球方未准备好时,球已发出,而且接发球员或接发球方均没有企图击球。

在教学过程中,应指导学生抓住本规定的关键点,接发球员未准备好,并且接发球员和同伴都没有企图击球。虽然理论上存在接发球员如果无法回击发球员的某种发球,而故意不接的现象,但在实际中却几乎没有出现过。

（3）由于发生了运动员无法控制的干扰,而使运动员未能成功发球、还击或遵守规则。

这个无法控制的干扰是指外界球入场可能干扰比赛的结果、赛区中的灯出现问题、球破裂、突然的响声和喧闹、临近球台的运动员撞倒相隔的挡板等。

（4）由于身体残疾而坐轮椅的运动员在接发球时,发球员进行合法发球之后,出现下列情况。

①球在触及接发球方的台区后,朝着球网方向运行。

②球停在接发球员的台区上。

③在单打中,球在触及接发球员的台区后,从其任意一条边线离开球台。

2. 关于重发球原因的解释

（1）关于发球擦网的解释

重发球最常见的原因是:发出的球触及了球网装置,如果发球触及了球网装置后,成为合法发球或被接发球员、其同伴阻挡,该回合应判为重发球。如果球不是落在接发球员正确的台区内或被接发球员、其同伴阻挡,则判发球员失一分。

发球过程中球擦网,裁判员和助理裁判员应等球落在正确的比赛台区,再喊"擦网",而不是在回合结束前做出多余的手势,这会影响比赛。

不管裁判员还是助理裁判员认为发球擦网,都必须重发球,即使只是怀疑合法发球擦网,最好还是宣布重发球,而不应让比赛继续下去。因为总有一名或更多的运动员也同样怀疑发球擦网了,这样会影响他们全身心地投入比赛。

有时运动员认为合法发球擦网,会举起手臂或抓住球,要求裁判员判重发球,除非裁判员确信没有擦网,但裁判员通常会判重发球,特别是接发球员也认为擦网时。但是裁判员应该让运动员清楚他没有义务这样做,在裁判员或助理裁判员没有宣布重发球时,运动员应该继续比赛。

（2）有关中断的解释

重发球的另一个原因是：认为某些干扰可能影响该回合的结果。例如,外界球进入赛场,或者是足以使比赛运动员大吃一惊的突然喧闹。这种情况最好是立即宣布重发球,而不要等到该回合结束后再去决定干扰是否起作用。

回合进行过程中偶然出现的不测事件,一般不应判重发球。例如,双打中运动员由于与同伴相撞或者比赛中被挡板绊倒而未能合法还击,不能判重发球。但如果不测事件扰乱了比赛条件,可能对对方运动员不利时,可以判重发球。

（3）关于未准备好的解释

如果接发球方未做好准备,只要他没有试图接球,裁判员可以判重发球,但是,接发球员未击球本身不能证明判重发球是正确的,裁判员必须判定接发球员确实是没有准备好,还是他只是不愿意接似乎是难接的发球,应当鼓励接发球员在他们尚未做好准备时举手示意。

3. 暂停比赛

重发球的主要目的是当某种可能影响该回合结果的情况发生时,终止该回合而不予判分。但还有些情况下裁判员或助理裁判员也必须暂时停止比赛,如：纠正比分错误、发球次序或接发球次序错误以及限制时限到时要执行轮换发球法等。具体可以在下列情况下暂停比赛。

（1）由于要纠正发球,接发球次序或方位错误。双打比赛中,运动员发球或接发球的次序发生错误。双打比赛中发球或接发球的次序较易出现错误,裁判员应在比赛开始时确定发球、接发球次序时,在记分表上认真记录第一发球员和第一接发球员的号码,并按相关程序进行操作。

（2）由于要实行轮换发球法。

（3）由于警告、处罚运动员或教练员。

（4）由于比赛环境受到干扰,以致该回合结果有可能受到影响。

（二）得1分

除被判重发球的回合，下列情况该运动员得1分。

（1）对方运动员未能正确发球。

（2）对方运动员未能正确击球。

（3）运动员在发球或还击后，对方运动员在击球前，球触及了除球网装置以外的任何物体。

（4）对方击球后球没有触及本方台区而越过本方台区或端线。

（5）对方击球后，球穿过球网，或从球网和网柱之间、球网和比赛台面之间通过。

（6）对方阻挡。

（7）对方故意连续击球超过一次。

（8）对方运动员用不符合规定的拍面击球。

（9）对方运动员或其穿或戴（带）的任何物品使比赛台面移动。

此处所说的台面移动仅仅是指比赛台面的移动，而比赛台面的移动并不一定造成台脚的移动。一般情况下运动员比赛中回击近网短球，如果仅仅是身体依靠球台，但并没有造成比赛台面移动，不应判罚，当确实造成比赛台面移动时必须判罚，裁判员一旦判"台面移动"，就必须检查球台和球网的合法性。

（10）对方运动员或其穿或戴（带）的任何物品触及球网装置。

比赛中运动员的球拍飞出并击中球网或运动员其他任何穿或带的物品触及球网装置时，裁判员应立即喊"停"，并判对方运动员得一分。同样在判罚后裁判员必须重新检查球网的高度和弹性。

（11）对方运动员不执拍手触及比赛台面。

比赛中无论什么原因如果运动员的不执拍手触及比赛台面，裁判员应立即喊"停"，判该运动员失1分。比赛中的最常见的情况如下。

①运动员在扣杀近网短球时，用不执拍手作为支点或扣杀后失去重心不执拍手被动地触及比赛台面。

②比赛中运动员的球拍掉在比赛台面上，在球处于比赛状态时，运动员用手去拣球拍，可能会出现：A.运动员的手（此时没有执拍手）先触及了球拍。B.运动员的手先触及了比赛台面。C.手同时触及了比赛

台面和球拍。D.手仅仅触及了球拍。严格地讲,在 B 和 C 的情况下运动员都是"手触球台"犯规,在 A 的情况下,运动员在手触及球拍后已成为执拍手,规则中没有限制执拍手触及比赛台面,因此是合法的。

（12）双打时,对方运动员击球次序错误。

击球次序的错误是指:发球运动员和接发球运动员在该回合所建立起来的击球次序。本回合发球方的发球员为第一击球员,接发球方的接发球员为第二击球员,发球员的同伴为第三击球员,接发球员的同伴为第四击球员。除裁判员发现本回合击球次序错误而中断比赛以外,一名运动员连续击球两次裁判员应立即中止比赛,判该方运动员失 1 分。

（13）实行轮换发球法时,接发球方未能连续 13 次合法还击。

（14）如果双方运动员或双打配对由于身体残疾而坐轮椅。

①对方击球时,其大腿后部未能和轮椅或坐垫保持最低限度的接触。

②对方击球前,其任意一只手触及比赛球台。

③在比赛状态中对方的脚垫或脚触及地面。

（15）在双打中,当对方运动员的配对中至少有一名运动员由于身体残疾而坐轮椅时,该配对中运动员轮椅及站立运动员脚部的任何部分超越球台中线的假定延长线。

（16）1 分的判定。

①每个回合除重发球外必须判分,规则规定了判分的各种不同的依据,一个回合的关键通常在于球脱离比赛状态的那一瞬间,裁判员应该谨防根据自己的预测来做出判定,而该回合的结果可能与他的判定完全不同。例如,球可能被运动员击得远离球台,很显然不会触及对方的比赛台面,但裁判员判分必须要等到该回合结束比赛状态,因为在此之前双方运动员都有可能得分,在这种情况下,对方在球还在比赛状态时移动了球台,把球打飞的那个运动员将得分,尽管他的还击可能要失误。

②不是所有的得分都像未能合法发球或合法还击那样直接与比赛有关。例如,当一名运动员打了一个要制胜的球,但球尚未脱离比赛状态时,它的非执拍手不小心触及了比赛台面或移动了比赛台面,它将失去 1 分而不再考虑它的对手是否能合理还击。

③裁判员决不能在规则规定的条文以外判分,例如,他认为由于某个不正当的行为,一名运动员应该被奖赏 1 分,而另一名应该受罚。裁判员的所有判决总是应该有相应的规则依据。因此,裁判员应当仔细研

究、理解所有可以判 1 分的规则条文。

④某些犯规并不自动导致比赛的终止,该回合必须通过裁判员的报分来终止。回合为何被终止,运动员有时可能不清楚,为使运动员清楚裁判员终止比赛的原因,裁判员或助理裁判员应当解释其原因,并且最好用规范的语言解释。

（17）擦边。

①裁判员或助理裁判员必须判定一个触及球台边缘的球是触及了球台的上表面还是触及了球台的侧面,球在触及球台前后的飞行路径能够帮助裁判员或助理裁判员做出正确的判定。例如,球先飞过了比赛球台,再触及球台的边缘为好球,但如果球触及台边后仍从低于比赛台面水平面以下的方向向上升高,则可以认为是触及了比赛台面的侧面。

②最难判定的擦边球是从外面飞向比赛台面,而且这个球的弧线又高于台面的水平面,原则上来讲没有什么好的方法可以直接认定球是触及了比赛台面还是侧面,但比较好的方法是:如果球触及了球台边缘后向上飞行,有理由认为它触及了比赛台面。反之,如果继续向下,则可能球触及了球台的侧面。

③助理裁判员对最靠近它一侧的擦边球有最终的决定权。如果他相信球触及比赛球台的侧面,应该叫"侧面",裁判员必须判最后击球者的对方运动员得 1 分。只有裁判员能决定在端线和他一侧的擦边球。

（18）怀疑。

①裁判员肯定自己所做出的判定是正确的,就不应该仅仅因为运动员认为是错的而进行改判。但是,如果他坚持自己的判定,而对此双方运动员都强烈反对时,他就显得过分了。还可能有这样的风险,即受益的运动员在发球或回击球时故意失一分来表示对裁判员判罚不公平的不满,这将削弱裁判员的权威。

②在任何情况下,不考虑仅仅有一名运动员提出的改判要求,而他可能由改判而受益,即使对方运动员不反对也不予考虑。一旦下一个回合开始,就不允许提出改判的要求。除非双方运动员都坚持认为判罚是错误的,这时裁判员可以接受并理智地加以纠正。

③如果裁判员怀疑一名运动员可能犯规,但他肯定对方运动员不会因此而受到不利影响的情况下,裁判员可以不中断比赛,而让那个犯规的运动员继续比赛。但是,如果有一名运动员也因为怀疑对方运动员犯规没有受到惩罚而导致注意力分散的话,该回合应该被暂停,但可不判

失分,而判重发球。

三、场外指导

(1)团体比赛,运动员可接受有权进入比赛区域内的任何人的指导;单项比赛一名或一对运动员只能接受一个人的场外指导,而这个指导者的身份应在该场比赛前向裁判员说明。如果一对双打运动员来自不同的协会,则可分别授权一名指导者。但这两位指导者应被视为一体;如未被授权的人进行指导,裁判员应出示红牌令其远离比赛区域。

在教学过程中,应让同学们了解本条规定中确认了什么是合法的指导者,即团体比赛中任何在指导者坐席就座的人都是合法的指导者,单项比赛中只有被指定的人才是合法的指导者。因此,比赛中为了保证场地的安静和有序,应对能进入场地的人员进行限制。

而由来自不同协会的运动员组成的双打配对可以指定两名指导者,这主要是考虑不同协会的运动员可能存在着语言的障碍,指定一名指导者可能不能很好地完成对运动员进行场外指导的工作,但这两名指导者也必须在比赛前向裁判员指明。有时在国际比赛中常常看见一名教练员同时指导两名不同球台上比赛的运动员,如果这名指导者在赛前均被两名运动员指定,而这两名运动员又只有这一名指导者,这是允许的。

(2)只要没有拖延比赛,运动员可以在除比赛回合中的任何时间接受场外指导。如被授权的指导者进行非法的指导,裁判员将出示黄牌进行警告,如再次违反,将被驱逐出比赛区域。

现行场外指导规则虽然批准运动员可在除比赛回合中的任何时间接受场外指导,但裁判员仍需注意运动员为了接受场外指导而出现的拖延比赛的行为以及教练员为了指导运动员而出现的拖延比赛的行为。如:运动员为了接受指导故意捡球时绕到教练员一边,此时裁判员应注意处罚运动员,因为运动员拖延了比赛时间。下表中列出了一些情景下的判罚处理。

表 6-1　关于场外指导各类情景下判罚处理

情景		合法指导	非法指导	不良行为（拖延时间）
1	在回合中进行指导		处罚教练员	
2	在比赛中断或局间进行指导	√		
3	回合之间进行指导，未影响比赛连续性	√		
4	运动员在捡球时明显绕到教练处寻求指导			处罚运动员
5	在运动员捡球或回到球台时，教练在指导，运动员动作缓慢			处罚运动员
6	X 捡球时，A 到教练处接受指导；X 回到球台时，A 准备比赛	√		
7	X 从挡板外捡球时，A 到教练处接受指导；X 回到比赛区域，A 未及时回到球台			处罚运动员
8	运动员从挡板外捡球后，没有直接回球台，而是到教练处接受指导			处罚运动员
9	运动员准备发球时（球置于手掌之上）进行指导	√		处罚教练员（如果教练员显然是想干扰对方运动员）
10	发球前（在球台上滴球时）进行指导	√		
11	擦汗时进行指导	√		
12	运动员在发球前望着教练	√		
13	回合间，运动员稍微向教练一侧移动，以接受指导	√		
14	回合间，运动员走到教练处接受指导			处罚运动员

（3）当任何人企图进行非法指导时，裁判员应高举黄牌，并清楚地让所有相关的人均能看见，对指导者进行警告，但裁判员不需要离开裁判椅去做这件事，在团体比赛中警告适用于运动员席上的每一个人。如果这场团体比赛中，有任何人再一次给予非法指导，裁判员应举起红牌，让那个人离开赛区。比赛中裁判员对某一方运动员的指导者出示的

黄牌,是对这一方运动员或者一队运动员指导席上的全体人员,并不是仅仅针对某一个人。

(4)在一个团体赛或单项的同一场比赛中,如指导者已被警告过,任何人再进行非法指导,裁判员将出示红牌,并将其驱除出赛区,不论其是否曾被警告过。

(5)在团体比赛中被驱除的指导者不允许在团体比赛结束前返回,除非他需要上场比赛,并且也不能被其他指导者代替;在单项比赛中,不允许在该场单项比赛结束前返回。如被驱逐出赛区的指导者拒绝离开或在比赛结束前返回,裁判员应中断比赛,并立即向裁判长报告。

(6)在比赛中有人会通过叫喊企图指导运动员。裁判员必须仔细去分清是指导还是激励性的叫喊。应该记住,指导不一定非说不可,常常用手势也能进行。这种形式的指导,如同用不熟悉的语言指导一样很难察觉,但是,裁判员必须警惕试图影响比赛的任何违法行为,一经发现,必须马上按照规则进行处理。

(7)虽然"行为"规则规定可以对接受非法指导的运动员进行罚分,但是只有在运动员主动接受不合法场外指导时才能使用。如果运动员不是主动去寻求或许也不想接受场外指导时,处罚运动员是很不公平的。在大多数情况下,最好直接处理进行非法场外指导的指导者。

以上规定只限于对比赛的指导,并不限制运动员或队长就裁判员的决定提出正式申诉,或阻止运动员与所属协会的代表或翻译就某项判决的解释进行商议。

四、不良行为

(1)运动员和教练员或其他指导者应克制那些可能不公平地影响对手、冒犯观众或影响本项运动声誉的不良行为。诸如辱骂性语言,故意弄坏球或将球击出赛区,踢球台或挡板和不尊重比赛官员等。乒乓球比赛中大多数运动员都有良好的个人素质,但比赛中依然经常出现踢球台、踢挡板、辱骂性语言等不良行为,裁判员一定要树立正确的观念,这样的事件会严重影响乒乓球运动的声誉,不利于乒乓球运动的发展,因此,一定要杜绝。

(2)任何时候,运动员或教练员或其他指导者出现严重冒犯行为,裁判员应中断比赛,立即报告裁判长;如果冒犯行为不太严重,第一次,裁判员可出示黄牌,警告冒犯者,如再次冒犯将被判罚。在比赛中裁判员应能合理处理场上发生的有关运动员行为犯规的问题,既不能对运动员的不良行为视而不见,也不能对运动员的行为过分夸大,没事找事。因此,对于处理运动员行为犯规这类主观判断性较强的事件时,应规范裁判员的判罚尺度,使其在时间上和空间上保持一致,才能更好地杜绝此类事件的发生。

(3)除严重冒犯,运动员在受到警告后,在同一场单项比赛或团体比赛中,第二次冒犯,裁判员应判对方得1分,再犯,判对方得2分,每次判罚,应同时出示黄牌和红牌。裁判员在处理行为犯规的判罚分时,一定注意必须同时出示红牌和黄牌,而不是单独出示红牌或黄牌。

(4)在同一场单项比赛或团体比赛中,运动员在被判罚3分后继续有不良行为,裁判员应中断比赛,并立即报告裁判长。规则规定裁判员无权对运动员出示红牌取消其比赛资格,只有裁判长才有权这样做,因此,当比赛中如果运动员因行为问题被判罚3分后,或比赛中出现比较严重的行为犯规时,裁判员必须马上停止比赛,并报告裁判长。而裁判长最好在某个场地的裁判员同时高举起红牌和黄牌时,就亲临该赛场,以便能更好地处理发生的问题。

(5)在一场单项比赛中,如果运动员更换了没有损坏的球拍,裁判员应中断比赛,向裁判长报告。有关球拍的处理是裁判长的职责,裁判员只是代为管理,当发生此类纠纷时,裁判员必须马上报告裁判长。而规则规定比赛中只有在球拍被意外损坏,且影响其击球性能时,才能更换。并且在使用更换后的球拍前,应允许裁判员和对方运动员检查。

(6)双打配对中的任何一名运动员所受到的警告或罚分,应视为是该对双打运动员的,但未受警告的运动员在同一场团体比赛随后的单项比赛中不受影响;双打比赛开始时,配对运动员中任何一名在同一场团体比赛中已经受到的最严重的警告或罚分,应视作是该对双打运动员的。

双打比赛中两名配对运动员在不良行为犯规上应被视为同一名运动员,这有三个概念。

一是团体比赛中,在双打比赛开始时,如果有运动员在先前的单打比赛中有过犯规的警告或判罚,则应以两名运动员中较严重的一个为准。例如,在一场团体比赛双打比赛开始时,甲方A运动员因行为问题被警告过,而B运动员则已被判罚了1分,那么由A和B配对的双打比赛从一开始就应视为已经带有被判罚 1 分的记录,因此助理裁判员应在双打比赛开始时将红、黄牌同时放在靠近被警告的运动员(甲方)的记分器下方或旁边,以提醒裁判员在接下来的比赛中如果该方运动员再出现犯规行为的话,将被判罚 2 分。

二是团体比赛中,双打比赛时任意运动员出现的不良行为都应视作是该队双打运动员的。因此在上述案例中假设当比赛打到第三局 9∶9 时,A 运动员因不满意自己在比赛中的表现而用脚踢球台,此时,裁判员应同时高举黄牌和红牌,并判对方运动员得 2 分。

三是团体比赛中,在双打比赛时未受到警告的运动员,其随后的单项比赛应不受影响。因此上述案例中假设甲方 A、B 两名运动员均分别还要参加该场团体比赛的后续单打比赛,那么 A 运动员的单打比赛应自动带有被判罚 1 分的记录,同时 B 运动员的单打比赛也应仍带有判罚 1 分的记录。

(7)除教练员或运动员或其他指导者出现严重冒犯行为外,如果一名教练员或一名指导者在受到警告后,在同一场单项比赛或团体比赛中再次冒犯,裁判员应出示红牌将其驱除出比赛区域,直到该场团体赛结束或单项赛中的该场单项比赛结束才可返回。如果教练员的行为不符合标准,裁判员也应对其进行管理,但不同的是,教练员出现行为犯规时,第一次对其警告同时出示黄牌,第二次出示红牌,并将其驱逐出赛区。因此,裁判员有权对教练员出示红牌,无论其是不良行为还是非法指导而被驱除出赛区,但裁判员却无权对运动员出示红牌,对运动员出示红牌的只能是裁判长。

(8)无论是否得到裁判员的报告,裁判长都有权取消有严重不公平或冒犯行为运动员的一场、一项或一次比赛资格;当裁判长采取行动时应出示红牌;对于不足以取消资格的一些不太严重的冒犯行为,裁判长可决定向纪律小组报告此类行为。裁判长应经常巡视比赛场地,一旦发现严重行为犯规的运动员,可以出示红牌,并根据情节是否严重而取消其一场、一项或整个比赛的比赛资格,但裁判长却无权对运动员判罚分。

(9)如果一名运动员在团体或单项比赛中有两场比赛被取消了比赛资格,就被自动取消了其参加该团体或单项所有比赛的资格。在淘汰赛中,运动员只要被取消一场比赛的资格,就等于在这个项目中被淘汰,但在团体比赛或单循环赛中,一名运动员被取消了一场比赛资格他还可以继续参赛,但无论什么原因,只要他再一次被取消了比赛资格,就意味着该队的团体比赛该名运动员不能上场比赛,而单项循环赛中该名运动员也将自动被除名。

（10）裁判长有权取消已经两次被驱除出赛区的任何人在本次赛事剩余比赛的资格。本条规定是针对指导者,当一名指导者在一次竞赛中两次被裁判员用红牌驱除出赛区,裁判长有权取消该名指导者进入赛区指导运动员的资格。

（11）非常严重的不良行为的事例应报告冒犯者所属协会。

（12）裁判员的责任。

①故意的不公正或冒犯行为在乒乓球比赛中并不普遍,通常只发生在少数运动员和教练员身上,但其影响却非常大,并且常常难以控制。因为不良行为能以多种形式来削弱规则作用的严谨性,执行和实施切实可行的行为标准,与其说是根据事实来做判定,倒不如说是一个判断和常识问题。

②对任何可能不公平地影响对方运动员,或者冒犯观众,或有损本项运动声誉行为的运动员或教练员,裁判员应迅速做出反应。如果裁判员宽容了最初的哪怕是轻微的不良行为,甚至连不赞同的目光都没有,那么,如果后来这样的行为越来越多,越来越严重时,再执行规则就很困难了。

③但是,裁判员应该避免对那些可能不是故意的不适当行为反应过度,因为这会导致运动员的不满和敌意,从而降低裁判员的威信,在处理这类事件时,裁判员要设法不让情况变得更糟,既不要让一般不被注意的事件扩大,不要伤害运动员,又不能让不良行为泛滥。

④在比赛中,运动员由于气恼或得意而叫喊,在决定如何处理时,裁判员首先应该考虑周围的环境情况,如果周围环境很嘈杂,总体的噪音很高,以至于运动员的叫喊声几乎难以察觉,更理智的做法是不中断比赛,直到回合结束后再劝说犯规的运动员。此外,如果运动员、教练员对裁判人员不尊重,通常表现为不赞成他们的决定,并可能形成持续的抗议,或变换比分显示,甚至威胁裁判人员,这种行为违背了这项运动的形象和裁判员的权威,裁判员必须做出处理。

⑤当不良行为发生时,裁判员必须决定是否冒犯行为已严重到他必须中断比赛、报告裁判长的程度。尽管这种方法随时可以采用,并且在适当的时候裁判员也必须采用,但建议裁判员在比赛中运动员第一次出

现冒犯行为时,最好不要采取这样的措施,大多数情况下应首先警告犯规的运动员。

（13）警告。

①除非事件造成的不公正或引起反对的程度严重到不可避免,必须采取正式的措施来解决,一般情况下一句非正式的警告性的话或一个警告性的手势足以使有冒犯行为的运动员认识到这样的行为是不可接受的。如有可能,在进行这样的警告时裁判员不应中断比赛,而应当在回合结束后或一局比赛结束后的自然中断时实施更为有利。

②尽管在回合进行中,当裁判员相信这种行为可能造成不利影响时,或冒犯了观众,或是损害了这项运动的声誉,他应该立即宣布该回合为"重发球",并举起黄牌对有犯规行为的运动员进行正式警告,并让被警告者明白,如再有犯规行为发生,他将被判罚。

③当已经给犯规的运动员一个正式警告后,黄牌应放在记分牌的附近,靠近被警告的运动员的分数旁。这个警告有效到单项比赛的剩余部分或团体比赛的剩余部分,提醒裁判员在以后的比赛中如果该名运动员或该方运动员再出现犯规行为的话,他将被判罚分。

④裁判员必须清楚,一旦运动员被正式警告,后面的冒犯行为将自动进行罚分处理,但只要警告是公正的,裁判员不必担心使用这个程序。但是,如果裁判员太轻率地给了运动员一个正式警告,他可能会发现他不得不在比赛的关键时刻,对一个冒犯者进行罚分,而在许多人看来这个冒犯可能是微不足道的,尤其是有观众观看的比赛。

（14）判罚。

①裁判员实施判罚分时,应同时出示红牌和黄牌,这是一个信号告诉裁判长或助理裁判长,本台运动员的行为出现问题,已经判罚,希望裁判长或助理裁判长能到达比赛现场。此时,比赛应继续进行,通知裁判长的目的不是让裁判长认可判罚,而是让裁判长能够到达比赛现场,以便在事态进一步恶化时能及时处理。如果裁判长和助理裁判长都没能看到出示的牌子,裁判员应使用另一种事先约定好的信号或派人送信。

②有时候,在一局比赛已经结束,或在对方仅得 1 分即能获胜的情况下,裁判员判了运动员行为犯规,并使用了判罚分,如果整场比赛没有结束,未用过的判罚分将转入这个单项比赛的下一局比赛。比分从 0 比 1 或 0 比 2 开始,将得分判给有冒犯行为的对方运动员。如果此时整

场比赛已经结束,判罚分将被忽略,但裁判员应将运动员在比赛结束后发生的不良行为报告给裁判长。

③在团体比赛中,警告和判罚将带入后面的单项比赛中,对一对双打运动员的警告和判罚将以两人中已被判罚过较高罚分的运动员为准,而双打中受到的处罚,在后续比赛中未受到处罚的运动员应不受影响,因此对于判罚到底什么时候应该带入后续比赛,简单而言可以总结为"单连双,双不连单"来便于记忆。

④在团体比赛中裁判员必须记录清楚运动员和教练员被警告和被判罚的情况,以便使其能准确转入后面的比赛中,在单项比赛中也建议这样做。这将使裁判长在对运动员进行处罚时可以把运动员的一贯不良行为考虑在内。例如,当裁判长要决定是否取消一名运动员的资格时。因此,提倡在记分单上记录清楚本场比赛哪位运动员被警告和判罚过,并简单描述事情发生的经过。

⑤显然不能因教练员的犯规行为对运动员进行罚分,这对运动员来讲是不负责任的,他可能会提出抗议。如果在对教练员提出正式的警告之后,教练员依然继续有不良行为,裁判员可以出示红牌,将其驱逐出比赛区域直到这场单项比赛或团体比赛结束。裁判员一旦采取这一行动,应该立即将这一事件报告裁判长。

第七节 课程思政融入乒乓球裁判法的教学建议

一、乒乓球裁判员需具备的基本素养

在如今商业气息渐浓的竞技体育时代,裁判员的公正在某种时刻某种程度上也打上了商业烙印。俱乐部与裁判员勾结,实行暗箱操作,进行金钱交易,控制比赛结果的新闻事件屡见不鲜。裁判道德就是裁判员在执法过程中的行为规范。树立高尚的裁判道德观不是比赛前听听动员报告,由组委会、裁判长宣布几条规定所能解决的,而是需要贯彻在一系列级别的裁判员培养过程中的教育影响。

（一）基本道德品质和思想素养

1.公正执法

公正执法是裁判员在临场执裁中必须具备的最基本素养。裁判员在比赛中的任务和职责，决定了他在比赛中必须公正执法。裁判员公正执法，是保证比赛顺利进行、确保比赛结果合理、充分展示体育精神的基本前提和条件。裁判员无论级别的高低或分工的轻重，都必须具备公正无私的道德品质，否则，临场中就不可能表现出严肃、认真、坚定和果断；一旦遭受到某些外界压力、干扰和困难，就会患得患失，凭借手中的权力作出错误的裁决，使运动队和运动员受到不可弥补的损失。裁判员只有具备大公无私和刚正不阿的品质，才能秉公执法。主要表现在：无论是对有声望的队还是对无声望的队，是对金牌运动员还是对无名小辈，是对本单位还是对外单位，是对国际比赛还是对国内比赛，都应一视同仁。

2.诚实

诚实是裁判员道德的基本原则。诚实在裁判工作中表现为坚持实事求是的原则。如果裁判在比赛中发现自己的判罚确实有误，应予纠正，而不要为了自己的脸面和虚荣心，固执己见，错上加错。

3.谦逊

谦逊是裁判员道德品质之一。裁判员必须清醒地认识到，对每一分、每一局、每一场的判决都直接关系到一个运动员（队）长期艰苦训练的成绩，关系到他们的切身利益，甚至关系到一个国家、民族的荣誉。所以，裁判员要尊重他们的劳动成果（即比赛结果），关心和爱护他们，虚心学习他们的优良品质和顽强拼搏精神。

4. 果断

果断是裁判员道德品质的明显特征。果断要求公字当头,严格遵循竞赛规程和规则的要求,使运动员能够充分发挥技术水平,表现出无私无畏的精神。

5. 热情

热情是裁判员道德品质的重要内涵。裁判工作要求既要分工又要合作,需要裁判员具有集体主义精神;在合作中,裁判员要表现出彼此之间的尊重,善于关怀和体谅别人,任劳任怨,不计名利,团结协作。热忱互爱,共同完成裁判任务。

(二)较高境界的道德品质

裁判员不仅要有高尚的道德品质,还要不断通过自我培养和自我砥砺,使道德意识和道德行为得到深化和强化,以达到更高的境界。

1. 谦和稳重,自尊自爱

裁判员在对待争议时,要保持冷静的态度,从容地发表看法。如果运动员(队)对争议裁决不能理解和接受,裁判员不宜强加于人,应及时报告裁判长,而不作无原则的争执,更不要从地位上和气势上压服别人;遇到不礼貌的现象,甚至是过激的言行,应保持理智的态度,以理服人。

2. 助人为乐,善于合作

裁判员在工作中要互相帮助,取长补短,存小异、求大同,善于团结他人,从而共同完成裁判工作。

3.严肃认真,精益求精

对一个裁判员的评价,首先是看他的工作态度和工作效率,看其是否严格执行裁判规则。勇于负责,严于职守,勤于公务,重于信义,精通业务,高效率、高质量地完成任务的裁判员,必然会得到同仁的尊重与信任,必然会受到各方的好评。

4.廉洁奉公,洁身自好

裁判员的行为关系到运动员(队)的成败胜负,所以他一般都会受到别人的敬重和注意。有些运动员(队)或俱乐部为了完成任务、升级或者是保级等,会对裁判员施以伎俩甚至收买。因此,裁判员必须要奉公守法、廉洁清正,保持高贵的尊严和高尚的人格。

综上所述,一名优秀的裁判员只有具备高尚的道德品质和思想修养,才能高质量地,公正、客观、准确地完成裁判任务。

二、乒乓球裁判员的业务能力

(一)裁判长和裁判员应具备的基本业务能力

裁判员(长)既要有出色的道德修养和思想品格,也要有过硬的业务能力。

裁判长应该具备的业务能力应包括:理论水平突出,精通规则规程,较高的英文水平,熟练的计算机操作能力,出色的组织能力、协调能力和管理能力,较高的威信和威望等。

裁判员应该具备的业务能力应包括:精通规则规程,较高的英文水平(世界比赛),熟练的计算机操作能力(编排岗位),较好的组织协调能力、思维敏捷等。

（二）确认事实是裁判员应具备的最基本的业务能力

裁判员应具备的最基本的业务能力就是确认事实。判定每个回合的胜负，并在这个基础上判定一局比赛的胜负，以至整场比赛的胜负与具体比分是裁判员最主要的职责。

1. 判定每个回合的胜负或重发球是每个临场裁判员最主要的职责

作为一场比赛的管理者，赛前，裁判员要从比赛秩序册中寻找该场比赛双方运动员的姓名和代表协会，填写比赛用记分表，检查比赛场地的器材和比赛条件，确认双方运动员的身份，检查运动员的服饰和球拍，主持双方运动员选择发球权和方位权的抽签，确定比赛用球，按秩序册规定的时间，带领双方运动员进入赛区，并开始两分钟的赛前练习。比赛开始后，裁判员要根据造成结束比赛状态的具体情况，判定每个回合的得分或重发球，在需要开始执行轮换发球法或纠正方位和发球次序错误等情况下，中断比赛并恢复比赛，并对在场上可能发生的问题作出妥善处理，对比赛中运动员出现的不良行为进行管理，对场外指导不符合规定的情况进行管理。

在比赛结束后裁判员要宣布该场比赛的胜负结局，填好记分表，并让双方运动员签字，整理比赛场地和器材，带领运动员退场，并将记分表及时交给编排记录组。在这众多的工作中，临场裁判员最主要的职责是判定每个回合的胜负或重发球。

2. 确认事实是判定一个回合的胜负或重发球的基本环节

要判定一个回合的胜负或重发球，首先要确认事实，即确认当下发生了什么事，使球处于比赛状态转化到非比赛状态，或者是因为什么原因需要裁判员暂时中断比赛；其次要根据当时发生的事实，对照乒乓球比赛规则和竞赛规则的有关规定得出对该回合结果判定的认识；最后，裁判员再按照裁判人员管辖权的规定，作出宣判。在确认事实、对照规则、执行判定三个环节中，最基本的环节是确认事实。

对于一场比赛中的事实问题，裁判员有决定权，这是规则和规程赋予裁判员的最大权力,也是裁判员肩负的重大责任。因为事实问题的最后决定权属于裁判员,如果裁判员确定的不是事实,这对比赛结果将带来重大的负面影响。而如果裁判员能正确认定事实,则其余问题终会有办法处理。即使裁判员不清楚认定的事实,他可以询问本场比赛的另一位裁判员,也可以向裁判长报告,请裁判长告知规则和规程规定。只要裁判员准确地认定了在比赛中发生的事实,解决这个问题就有了基础。

3. 确认事实比理解规则更难

这并不是说理解规则和规程容易,而是说不管理解规则和规程有多么困难,通过反复讲解、多次讨论、难题会诊,总是会越来越清楚。然而确认事实则不同,这属于人的素质问题,有的裁判对规则和规程的理解很到位,可总是不能很好地解决这个问题。这也应该是选择裁判员时需要考虑的很重要的一环。

4. 事实是客观存在的事实,不是裁判员主观的认识

确认事实不能依靠分析、推理、猜想,事实是不会变的,而认识却可以变化,甚至会反复变化。裁判员应集中注意力、冷静观察场上情况,依靠自己的直觉确认事实。裁判员确认事实不能依赖别人,不能服从多数,但由于反应一时迟缓,允许在认定事实的基础上追认事实,但不能反复改变。

临场裁判在确认事实问题上大体表现在:不能确认事实、确认的不是事实、反复修改事实、不敢确认事实。这些都是裁判员基本业务能力欠缺的表现,需要在日常学习中着重注意并改进。

三、乒乓球裁判员的抗压能力

一个合格的乒乓球裁判员应具有良好的心理素质。坚定的信心是做好乒乓球裁判员的前提条件。乒乓球规则规定:裁判员就事实问题有最后决定权。因此,当裁判员坐上裁判椅时,必须要有信心去做好这场比赛,而不能患得患失。

在执裁过程中,每个裁判员都可能会遇到一些困难,比如同教练员、

运动员甚至是观众等发生争执,或出现事实不清晰,双方出现纠纷等情况。这时,裁判员特别需要冷静下来,并根据自己的判定来进行裁决,而不能人云亦云,受外界的干扰。要有把握大局、控制局面的能力。

由于乒乓球比赛时间长,特别是团体比赛,临场裁判员在场上执裁时间长,注意力高度集中,因而容易出现大脑中枢神经系统疲劳,难免会出现一些小的疏漏。因此,出现了问题以后不要自乱阵脚,以致错上加错,而应该立刻冷静,迅速做出反应,主副裁之间要默契配合,正确处理紧急情况,必要时报告裁判长。

级别越高的比赛,对裁判员来说压力就越大,因为参赛的几乎都是世界排名靠前的优秀运动员、著名教练员,甚至大批观众都是为自己的偶像加油助威的球迷,现场的紧张气氛,球迷的呐喊声,无形中给裁判员以很大的压力,这个时候裁判员需要顶住压力,越是大赛,越是关键球,越要发挥出色。

四、乒乓球裁判员的身体素质

乒乓球裁判员不像篮球、足球裁判员那样有一个硬性的身体素质测试项目和标准,但由于乒乓球项目有自己的特点,有些比赛一天三节,上午、下午、晚上连续作战,每一节还要求裁判员一人一团一贯制。而且,在遇到两队势均力敌时,比赛打几个小时才能结束都是常事。所以,乒乓球裁判员还必须具备良好的身体素质。

乒乓球运动速度快,球旋转强;比赛气氛紧张、激烈。因此,裁判员心脏的承受能力要强,适应水平要高。

裁判员在裁判的过程,必须要有灵敏、快速的反应。这个回合一结束,就要能立刻准确判断结果。回合中一旦出现情况,要立刻喊停处理,如果反应过慢,过了合适的时机才叫停,就很有可能会产生争议。

乒乓球裁判员要在中小强度下持续工作若干小时,必须具备良好的有氧耐力水平,才能保质保量地完成任务。

五、乒乓球比赛中临场执裁的尺度把握

（一）合理掌握执法尺度

合理掌握执法尺度，处理"准确"与"统一"的关系。执法尺度讨论的是执行乒乓球比赛规则与竞赛规程中若干规定时存在事实上的弹性而引发裁判员对执法弹性的把握问题。

1. 乒乓球比赛中事实上存在裁判员执法尺度问题

乒乓球比赛规则、竞赛规程中的众多规定是明确的、具体的，一般情况下，裁判员在临场执法时，不存在执法尺度问题。即使像轻微的擦边、擦网这样的情况也要按擦边、擦网处理，决不能因"轻微"而不作为擦边、擦网处理。但是在比赛规则对运动员发球作出的几项精细的几何性质的规定以及竞赛规程对场外指导性质难以准确判定等问题上，事实上存在裁判员执法尺度问题。掌握执法尺度，是裁判员临场执法的一个重要问题。

20 世纪 80 年代，在一次为参加某届世界乒乓球锦标赛举办的热身赛中发生的重大纠纷事件，充分显示了裁判员执法尺度一致的重要性。为了应对那个时期某些欧洲裁判经常在国际比赛中对中国运动员某种发球动作进行判罚，裁判长在此次热身赛前明确要求全体裁判员在比赛中要对该种发球动作进行判罚，以使中国运动员更好地适应即将到来的世界乒乓球锦标赛。热身赛开始后，某名裁判员对比赛中一方运动员的此种发球动作完全漠视，而且对副裁判员的明显暗示也毫无反应，直至该局比赛结束。

在局间间歇时间，裁判长向该裁判员明确指出了这个问题。第二局比赛轮到该运动员发球时，该运动员仍以首局相同的方法发球，裁判员一改首局不理不睬的态度，立即喊出"发球违例"，并判对方运动员得 1 分。该运动员虽感觉突然，但仍然毫不犹豫地用相同的动作发了第二个球。裁判员也毫不犹豫地判罚了第二个球。该运动员被激怒了，拿起球拍用相同的动作猛发了第三个球，而裁判员也立即宣判了第三个发球违

例。此时,坐在挡板外该名运动员的教练员猛地站了起来,对该运动员大声喊叫:"发……发!"运动员在教练员的支持下,飞快地发出了第四个,第五个球,而该裁判员也仍然作出了第四个、第五个发球违例的判定。此时,该运动员将手中的球拍猛摔在球台上,并且用手掌猛击球台台面。比赛停止了。一场激烈的争吵撼动了全场。争论的焦点是:为什么裁判员在第一局比赛时完全认可此种发球动作,而在第二局比赛中对完全相同的发球动作连判5个发球违例?裁判员有权根据发球动作的事实按规则的相应规定判定发球动作是否违例,但是在连续进行的两局比赛中,裁判员对完全相同的发球动作作出完全不同的判定,这是有问题的。这场激烈的长时间争吵最终被在场的国家体委主管部门的官员制止了。在该场比赛中,由于裁判员执法尺度的不一致,产生了严重的后果,这一教训值得深思。

2. 要认真对待所有裁判员临场执法尺度一致的问题

乒乓球竞赛属于对抗性体育竞赛,比赛都是参赛者之间一对一或二对二的比赛,因而一次竞赛通常包括几百场、上千场比赛,每场比赛须有两名裁判员(裁判员和副裁判员)执法。即使每名裁判员在一个比赛日执法多场比赛,但一次竞赛仍需要众多裁判员参与。如果裁判员在执行比赛规则、竞赛规程的事实上不能保持执法尺度的一致性,由此引发赛场上的争执事件是可以想象到的。

在一次乒乓球竞赛中,如何保证在广泛的时间(一次竞赛的全部日程)、广泛的空间(一次竞赛的全部比赛球台)内所有裁判员临场执法尺度的一致性,是全体裁判员,尤其是裁判长需要认真对待的问题。必须指出的是,一场比赛中两名裁判员执法尺度的不一致,一次竞赛中裁判员之间在不同时间、不同场次执法尺度的不一致,是比赛中最难处理的问题之一。

3. 裁判员执法尺度一致,并不等同于执法尺度正确

例如,两名裁判员在比赛开始前商量,本场比赛关系重大,估计双方的场外指导不但会出现违规指导的现象,而且场外指导会出现多人指导的现象,如果按规程规定严格管理,一定会使场面出现难以控制的情

况,于是决定本场比赛对双方可能出现的场外指导违规情况视而不见,听其自然。结果出现执法尺度是一致的,但这种执法尺度是错误的。再如,有的裁判长在裁判组准备会议上对如何执行发球动作相关规定的分歧意见,作出了在本次竞赛中尽量不判发球动作违例的交代,这种执法尺度也是错误的。

需指出的是,在一次竞赛广泛的时间、空间内做到执法尺度一致,必须是在符合规则、规程规定的基础上。尺度的统一是在准确执行规则、规程规定基础上的统一。

4. 在处理好执法尺度"准确"与"统一"关系的基础上,裁判员掌握全场执法尺度的具体技术

在一场比赛中,最大限度地保持最少的执法裁判和执法岗位的固定。在 20 世纪 80 年代裁判执法体制的改革中,提出了裁判员"一团一贯制",这改变了以往一场团体赛中每一场单项比赛都更换两名裁判员的做法,而由两名裁判员执法整个团体赛的临场裁判。一场团体赛每一场单项比赛都更换裁判员的做法,不利于裁判员执法尺度保持一致,同时不利于一次竞赛中对裁判员的调配和使用。而在一场单项比赛中,裁判员、副裁判员分工明确,在一场团体赛只使用两名裁判员的前提下,也不宜采用轮流担任裁判员和副裁判员的做法。也就是说,不论是单项比赛,还是团体赛,每场比赛的裁判员、副裁判员位置应固定,不在场次更换时更换裁判员或更换裁判员和副裁判员的位置和职责,实行裁判员执法一贯制。

5. 裁判长应认真对待执法尺度问题

每次竞赛的裁判长,必须要把保持裁判员执法尺度的一致性和准确性当作认真对待的一件事,具体而言,应做好以下几个方面。

（1）赛前在裁判员会议上要作必要的交代,统一全体裁判员的思想和做法,不能到赛场发生执法尺度不一致引起纠纷时,才被动应付。

（2）在比赛期间,对执法尺度不一致引起的问题应及时向全体裁判员作出通告。因为同样的问题可能出现在另一个赛场。如果事先通知发生在其他球台的问题和处理结果,可避免问题在本场比赛中再次发生。

（3）绝不能认为发生在一张球台上的问题只是属于那张球台临场裁判员的事，保持执法尺度的一致是裁判长临场执法的一个重要原则。

6. 关于双打比赛的执法尺度问题

双打比赛时，运动员发球时球是否在发球员方及接发球方比赛台面上接触点越出本方比赛台面右半区和对方比赛台面右半区是很难准确判定的。因为乒乓球是一个球体，球触及台面时，实际接触台面的变形的面积远小于球的半圆剖面，而且裁判员的座椅无论从方向还是从距离来说都不太有利于看清球在比赛台面上的实际接触情况。而从另一方面考虑，规则对于双打比赛的此项规定在实际判定时即使有一点误差，对接发球方实际上也没有什么影响，故在执法尺度上可以有一点松动。也就是说，为了准确执法，达到规则规定的精神，可以保持这样一个执法尺度：双打运动员发球时，球在先后触及发球方比赛台面和接发球方比赛台面时，球明显地越出了发球方比赛台面的右半区或接发球方比赛台面的右半区，裁判员须判定此次发球为"不合法发球"。

裁判员在执法双打比赛时，采用站立执法，同时略靠近球台站立，也是一种可取的办法。双打比赛时保持这个"明显地越出"球台右半区的执法目的是尽量减少裁判员临场执法时可能涉及的执法尺度的范围。

7. 关于管理场外指导的执法尺度问题

在一些重要的比赛场次，管理场外指导的执法尺度也是一个让裁判员困惑的问题，由于违规的场外指导会影响到比赛的进程和结果，裁判员如何在执法尺度上保持"准确"和"统一"值得认真研究。对场外指导的执法尺度集中在以下几个方面。

（1）允许该场比赛中合法的场外指导者进行场外指导。

（2）允许合法的场外指导者在竞赛规程规定允许的时间内进行场外指导。

（3）对涉及"指导"的内容和鼓励、叫好加以区别。指导是指技术、战术的指导，一般性的鼓励、叫好不属于指导内容。

8. 对发球动作合法性的判定是裁判员掌握执法尺度的重点和难点

对发球动作合法性的判定是乒乓球裁判员临场执法保持"准确"和"统一"的重点,也是难度最大的一个问题。其原因如下。

一是比赛规则对发球动作作了几项精细的几何性质的规定:手掌张开,保持静止,几乎垂直,不得使球旋转,不少于 16 厘米;球始终在比赛台面水平面以上和发球员端线之外,从接球员角度看球不能被任何东西挡住,要让裁判员确信发球符合规则要求等。

二是比赛规则对发球不合法就可以判不合法。

为保持裁判员临场执法"准确"和"统一"的执法尺度,对发球动作合法性判定可采用以下办法。

(1)裁判员应该利用临场执法、观看比赛及各种练习的机会认真探索规则对发球动作作出的几项精细的几何性质的规定如何进行准确执法,对此,裁判员可在一起观察并讨论如何准确认定发球动作违例的问题。在一次竞赛开始前,组织裁判员就判断发球动作的合法性进行讨论也是很好的方式。

(2)规则对发球动作几项精细的几何性质的规定都是精密丈量的,而且这些几何尺寸都是在运动过程中发生的,裁判员在临场执法时无法获得动态的数据,要对其进行准确判定难度很大。为了保持执法的可靠性,裁判员在临场执法时应把握一个确信的尺度,确信运动员的发球动作中有一项或多项不符合规则规定即判运动员发球动作违例,任何属于怀疑的判断,均不能作违例的判定。

(3)乒乓球比赛规则规定,运动员发球时,有责任让裁判员或副裁判员确信他的发球符合规则的要求,且裁判员或副裁判员均可判定发球不合法。如果裁判员或副裁判员对发球的合法性不确定,在一场比赛中第一次出现时,可以中断比赛并警告发球方。但此后如该运动员或其双打同伴的发球不是明显合法,将被判发球违例。

规则关于上述有关发球动作的规定存在的问题是:颠倒了比赛中运动员和裁判员的责任。看清是否符合规则规定是裁判员的责任,而规则把责任转嫁到运动员身上。裁判员由于自身的原因不能确定运动员发球是否符合规则的要求,于是责任落在运动员身上,由运动员承担责任,这是一个原则性的问题,不是明显合法。判发球违例的规定是违背

"疑罪从无"的现代法律执法原则的,怀疑即判与确认事实的授权和责任是对立的。把判定发球违例扩大到授权裁判员和副裁判员均可判定,这增加了问题的严重性与矛盾性。让副裁判员也有权利判发球违例,进一步扩大了裁判人员的视野。消除了裁判员一人判罚时视野被挡的可能,使得两名裁判员观看运动员发球动作不存在死角,也不应有看不清的客观理由。看清运动员的发球动作,是比赛中两名裁判员的责任,而不是运动员的责任。据上述规则的执法办法是:运动员发球时,球应该始终在接发球方,裁判员或副裁判员有权对挡住对方视线的发球判发球违例,其中的要点是:保证接发球员自始至终看到乒乓球在发球全过程中的状态,否则判发球违例。此项规定由裁判员或副裁判员作出,而不是由接发球员决定。而观看发球的动作是否合法,由于已经扩大到副裁判员也有权判定,责任完全是裁判员和副裁判员的责任,发球运动员对此没有责任。

裁判员和副裁判员的判定应该完全和其他任何判定一样,依据的是"事实",而不是"怀疑""不确定"。裁判员的判断,只有两种可能:挡住了或未挡住,挡住了就判,否则不判。

（二）临场执裁处理矛盾的建议

裁判员在临场执法过程中,不希望场上出现矛盾,这是可以理解的,但是比赛中完全避免场上出现矛盾,这是不可能的。如何正确地处理比赛中出现的矛盾,是乒乓球裁判员一项重要的执法技术。

1. 乒乓球赛场上出现矛盾的主要表现形式

乒乓球赛场上出现矛盾的主要表现形式是一场比赛中运动员和裁判员之间对裁判员当时的判定意见有分歧。在少数情况下,运动员双方发生争执,原因也是很清楚的,因为判定是裁判员作出的,通常因判定而失分的运动员,容易对判定有异议。但是,一方运动员因裁判员的判定而提出申诉,有可能在裁判员和该运动员简单的交流后,裁判员或运动员一方做出了改变,从而达成了一致意见,比赛立即恢复进行。这种情况不属于这里讨论的范畴,这里讨论的是由于运动员和裁判员就发生的事实对裁判员作出的判定不能达成一致,从而发生了实际上的比赛暂停的矛盾。

2.裁判员应如何尽量避免诱发矛盾

裁判员在一场比赛中应避免执法尺度不一致。那种随着场上的比分调整执法尺度的做法以及裁判员和副裁判员执法尺度不一致的情况，随时都有可能"诱发"矛盾。

裁判员与运动员的不当接触也是诱发矛盾的原因。在某次全国比赛中，一方运动员和教练在比赛进行中发生了激烈争吵，指责裁判员执法不公，而造成这种矛盾的原因是一方认为该裁判员在赛前和对方运动员有亲密接触引起的。这是一个值得重视的问题，有的裁判员在赛前和认识的运动员，特别是和著名运动员谈笑风生（裁判员可能是无意的），但这会使对方运动员、教练心存芥蒂，对比赛中出现的一些状况即认为裁判员执法不公，继而引发矛盾。因此，裁判员在临场比赛中的间歇时刻，不应该与运动员说话，这不仅会耽误教练员进行合法的指导，而且可能会被认为是一种偏袒行为。裁判员临场执法时，即使要做出某种提醒，也必须在双方运动员面前，对双方运动员表达，切忌与一方运动员单独交流。

3.比赛场上发生矛盾时裁判员的应对措施

裁判员尽量避免由于自身的原因诱发矛盾，应减少比赛过程中矛盾的发生，但比赛中还是会不可避免地出现矛盾。裁判员在临场执法过程中，由于运动员不认同裁判员的判定而导致场上发生矛盾时，可以采取下述措施。

（1）按竞赛规程的规定，严格限定解决矛盾的参与者，不允许任何不在竞赛规程规定范围内的其他人介入。除了场上比赛的两名或两对运动员，不允许任何人在场外参与到处理这个矛盾中来。严格限定参与解决矛盾的参与者，可以防止出现场面混乱。裁判员作出某个判定后，运动员可以表达自己对刚才发生的"事实"的不同看法。裁判员如果认定事实，可以再次重申自己判定的"事实"；运动员如果继续坚持不同意见，裁判员应向运动员说明竞赛规程的明确规定。裁判员有确认事实的决定权，要求运动员继续比赛。如果裁判员在运动员首次提出异议时，认为有必要再听取副裁判员的看法,可以先听取一下副裁判员的意见。在裁判员对判定存有疑问时,也可以听取一下对方运动员的意见,再作出最后的决定,并立即继续比赛。如果涉及解释规则或规程问题,裁判员可按规程进行解释:"对裁判人员就解释规则或规程的问题所作的决定不服时,可以向裁判长提出申诉,裁判长的决定为最后决定。"

（2）裁判员应明确矛盾的所在,是"确认事实"是否属实,还是规则规程的解释问题。如果是确认事实是否属实,裁判员确有把握时,应对"确认的事实"加以重申,当运动员仍坚持不同意见时,裁判员应依照规程对运动员作出解释,维持已作甚至对方运动员意见后作出最后决定,并立即恢复比赛。如果是解释规则的问题,裁判员可以再次对规程、规则的规定作出解释。运动员如果仍不能接受,可以向裁判长申诉,由裁判长作出最后决定。裁判员临场处理矛盾要快速解决,不能拖延时间,拖延的时间越长,矛盾的处理就越困难,对比赛场面的影响也越大。

（3）裁判员应正确面对比赛中发生的矛盾。在紧张的比赛中,经常会出现运动员不认同裁判员的判定,因而导致比赛暂时中断,需要裁判员妥善处理的情况。少数裁判员有思想包袱,对场上发生矛盾很忌讳,也害怕面对,这是不正确的。为了追求场上的"太平",个别裁判员在运动员对他的判定提出异议时不予回应,尽量拖延处理,非等到运动员不愿继续比赛时,才从裁判椅上下来进行处理。如果运动员不太坚持,继续投入比赛,裁判员便松一口气,认为总算没有发生事实上的中断比赛,把实际上的矛盾掩盖了过去。这种做法是十分有害的。

裁判员应该尽量避免诱发矛盾,但不应回避矛盾,而应该积极面对矛盾,按规则、规程的规定,妥善解决矛盾。否则,即使当时确实掩盖了矛盾,事后矛盾一旦爆发,很有可能造成严重的后果。

六、乒乓球比赛中临场执裁的几种错误思维方式

公正执法不仅是态度问题、立场问题,还涉及裁判员的思维方式和业务能力问题。以下罗列几种常见的错误思维方式。

（一）调整判罚尺度

乒乓球竞赛规则对合法发球有很多具体规定,比赛中,裁判员在判

定发球是否违例时本身就有一定的难度，再加上在关键时刻，有些裁判员就会犹豫不决，认为不判不错，谨慎为上，万一判错出现纠纷更糟糕。在这种思维方式下，裁判员在临场执法中，就会根据场上的比分形势，调整自己的判罚尺度，这就不是公正执法了。这是由于不正确的思维方式导致的执法不公正。

裁判员在一场比赛中的执法尺度，如随着场上的具体比分随时调整，首先违背了裁判员执法尺度要保持一致的原则，随时调整执法尺度，说明存在不同尺度的执法状态。裁判员执法是对照发生的事实与规则规程的规定的内容，不存在执法尺度问题，违规就是违规，不违规就是不违规。如果裁判员根据场上比分形势随意调整执法尺度，那在比赛中裁判员对执法尺度的掌握就完全失去了准绳。

在这种思维模式蔓延下，就有可能会有运动员利用裁判员的这种思维方式，在关键比分时刻，故意违例发球，投机取巧获利。尺度的不统一，势必会造成纠纷，一位运动员在前面的场次因此获利，在接下来的场次也会想着再次获利，但凡不能达到预期的获利，运动员就会提出质疑，甚至质问，纠纷也随之产生。这就涉及一个重要原则，即裁判员在思考问题时，必须想到双方。在想到判罚可能危及发球方时，还必须想到不判罚会损及接发球方，应追求"公正"，任何时候都不能只想到一方。还必须想到整个比赛，不能只想到这一场球。一次大型的乒乓球竞赛往往有上百名裁判员，如果大家都在临场执法中根据场上比分和形势调整自己的执法尺度，那整个竞赛将会是一片混乱状态，一发不可收拾。

（二）片面地保持双方执法尺度一致

乒乓球比赛规则对运动员的发球动作有较多规定，裁判员对此进行判定有一定难度，乒乓球竞赛规程对场外指导有明确规定，但在比赛现场，尤其是一些紧张的比赛，特别是国际比赛，由于语言不通，判定现场指导是否违规也有一定难度。因此，有的裁判员就认为，只要对比赛双方保持执法尺度一致就体现了"公正执法"。比如这个球没有判 A 发球违例，下一次 B 的指导者非法指导也不判就可以了，双方保持了一样的均未判罚的执法尺度，这样明显就是错误的。

发球动作、场外指导执法尺度的严与宽对于不同的运动员和指导者来说结果肯定是不一样的。不太规范的运动员和指导者希望执法尺度宽松一些,而规范的运动员和指导者则希望执法尺度严一些。在比赛中,保持执法尺度的一致性,并不是公正执法的充分条件,公正执法还必须符合规则、规程规定,符合比赛规则、竞赛规程规定是执法尺度一致的前提。

（三）找平衡

有的裁判员在对一方运动员的发球或场外指导或者不良行为进行过一次判罚后,总担心被判罚的运动员、场外指导者或观众会认为自己执法不公正,于是找机会给对方运动员或场外指导一个同样的判罚,实施"平衡执法",体现其公正性。有的裁判员更是在对一方运动员发球或场外指导进行判罚前,已经准备好之后也给另一方运动员或场外指导做同样的判罚,有准备地进行所谓的"平衡执法"。这种"找平衡"的思维方式显然是错误的,裁判员并未依据客观事实公正执法,而只是企图以"平衡执法"来表现"公正",对被平衡执法的运动员是有失公允的。

参考文献

[1] 方武.课程思政与高校体育课堂教学的融合研究 [M].北京：中国纺织出版社,2022.

[2] 钱利安.课程思政视域下体育与新时代大学生思想道德素质养成的理论研究与实践调查 [M].北京：九州出版社,2021.

[3] 徐杰,娄震.课程思政视域下的高校体育教学研究 [M].北京：九州出版社,2021.

[4] 付超,庞晓东,梁晓倩.课程思政教育理念引领下的高校体育教学改革与实践探索研究 [M].天津：天津社会科学院出版社,2022.

[5] 温娇.高校乒乓球运动教学创新与运动队建设研究 [M].北京：中国原子能出版社,2019.

[6] 赵曼曼.高校乒乓球课程建设与教学训练 [M].长春：吉林人民出版社,2021.

[7] 贺语.高校乒乓球基础与实战技术分析 [M].北京：北京工业大学出版社,2019.

[8] 禹雪璐.高校乒乓球课程优化与教学模式的新探索 [M].北京：中国书籍出版社,2023.

[9] 王钟云.高校乒乓球课程优化与实战技巧研究 [M].西安：西北工业大学出版社,2022.

[10] 邵伟德.体育教学模式论 [M].北京：北京体育大学出版社,2005.

[11] 李启迪,邵伟德.体育教学基本理论研究 [M].北京：北京师范大学出版社,2014.

[12] 龚涛.微课在高校乒乓球课教学中的运用刍议 [J].才智,2020（20）：132–133.

[13] 陈炜,黄芸.体育教学与模式创新 [M].北京:光明日报出版社,2016.

[14] 阿英嘎.信息技术与体育教育专业课程整合 [M].南京:南京师范大学出版社,2010.

[15] 姜涛.乒乓球教育 [M].长春:吉林大学出版社,2010.

[16] 程辉.体育新课程背景下学校体育理论研究 [M].北京:科学出版社,2016.

[17] 肖林鹏.现代体育管理 [M].北京:北京体育大学出版社,2009.

[18] 顾圣益.现代体育管理学——理论与应用 [M].大连:大连理工大学出版社,2004.

[19] 程小鹏.高校乒乓球运动教育功能的拓展与实践研究 [M].长春:吉林大学出版社,2013.

[20] 张红玲.乒乓球教学与训练 [M].北京:中国书籍出版社,2019.

[21] 李小兰,汤洋,赵欣慧.高校乒乓球教学理念与实践探析 [M].北京:九州出版社,2018.

[22] 陈德平.新视域下的高校球类项目教学的创新研究乒乓球教学选修课 [M].青岛:中国海洋大学出版社,2019.

[23] 王梅生.普通高校公共体育选项课教材乒乓球 [M].北京:北京体育大学出版社,2004.

[24] 石霞.普通高校乒乓球课程思政的实施路径探讨 [J].体育风尚,2023(03):143–145.

[25] 陈志灏,杨青,李木子等.课程思政视域下"乒乓精神"融入高校乒乓球课程改革研究 [J].体育视野,2022(23):39–42.

[26] 李奕明.高校乒乓球课程与思政融合建设分析 [J].当代体育科技,2022,12(18):161–163.

[27] 程平平.皖北高校乒乓球课程思政建设的现状及对策研究 [D].阜阳师范大学,2022.

[28] 张晓钰.体育教育专业乒乓球课程思政元素挖掘与融入设计研究 [D].河北师范大学,2022.

[29] 熊泽南.体育课程思政的思考与践行——以大学乒乓球课程为例 [J].长沙大学学报,2021,35(05):105–108.

[30] 刘袁景.体育教育专业乒乓球课程思政建设路径研究 [D].湖南工业大学,2021.

[31] 杨圣涛. 高校乒乓球课程思政探析 [J]. 当代体育科技,2021,11（06）：116-118.

[32] 赵培培. 山东省 8 所普通高校体育教育专业乒乓球专修课程现状及发展对策研究 [D]. 扬州大学,2015.

[33] 胡翔宇. 核心素养视域下高校乒乓球课程发展策略研究 [J]. 当代体育技,2021,11（34）：65-67.

[34] 周永. 高中专项化乒乓球项目核心素养模型构建——基于扎根理论的研究 [J]. 考试周刊,2017（78）：114-116.

[35] 薛俊明. 体教融合背景下对中学乒乓球课程建设的优化研究 [D]. 吉林大学,2022.

[36] 郝鑫. 郑州大学体育教育专业乒乓球专项课程思政教学设计研究 [D]. 郑州大学,2022.

[37] 曹梦娜,胡翔宇,熊胜尧. "三全育人"视域下高校乒乓球课程思政建设路径研究 [J]. 体育视野,2022（09）：131-133.

[38] 邓鑫,王志鹏,郭子萌. 人格结构理论视域下高校乒乓球课程思政的实现路径探寻 [C]// 中国体育科学学会. 第十二届全国体育科学大会论文摘要汇编——专题报告（学校体育分会）. 第十二届全国体育科学大会论文摘要汇编——专题报告（学校体育分会）,2022：310-311.

[39] 刘晗,李水苗. 高校体育课程思政融合方式探索与路径分析——以乒乓球课程为例 [J]. 体育科技文献通报,2021,29（10）：169-170.

[40] 张荣清. 高职院校乒乓球课程中渗透思政教育的研究 [J]. 现代职业教育,2020（52）：180-181.

[41] 王惠. 大学体育翻转课堂模式构建 [J]. 鄂州大学学报,2023,30（02）：91-93.

[42] 刘慧敏. 大学体育课程思政设计研究 [D]. 哈尔滨工程大学,2020.

[43] 王鹏. 能力培养视角下体育教育专业乒乓球专修课程优化研究 [D]. 成都体育学院,2020.

[44] 李赞. 上海体育学院体育教育专业乒乓球专修课程培养方案的研究 [D]. 上海体育学院,2009.

[45] 周冲. 湖南省普通高校体育教育专业乒乓球普修课教学优化研究 [D]. 湖南师范大学,2020.

[46] 程嘉炎,孙麒麟.乒乓球竞赛法 规则法 裁判法高级教程 [M].北京:高等教育出版社,2019.

[47] 国家体育总局青少年体育司,国家体育总局乒乓球羽毛球运动管理中心编.《中国青少年体育运动项目训练教学系列大纲》教法指导书 乒乓球 [M].北京:人民体育出版社,2018.